本书获以下单位资助：
兰州大学哲学社会学院
兰州大学循证社会科学研究中心
兰州大学循证社会科学交叉创新实验室

循证社会工作
导论

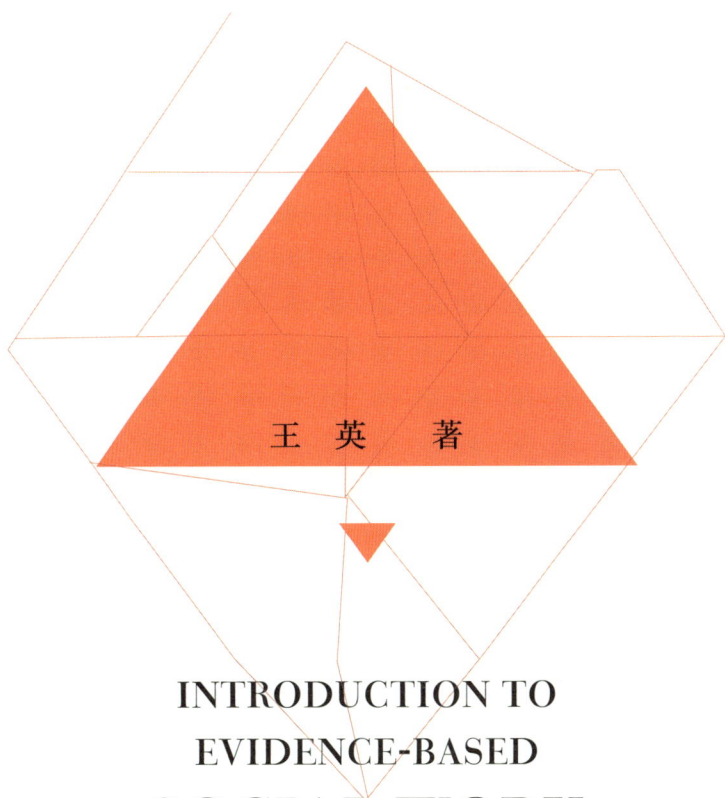

王 英 著

INTRODUCTION TO
EVIDENCE-BASED
SOCIAL WORK

社会科学文献出版社
SOCIAL SCIENCES ACADEMIC PRESS (CHINA)

目录

第一章　循证社会工作概述

第一节　循证社会工作的概念

一　证据

在循证社会工作的框架中,"证据"是一个核心概念,指的是关于社会现象、问题、干预措施或其效果的可靠和有效的信息或数据。证据的来源是多样的,包括科学研究、实践经验、服务对象反馈、政策文件等。每种证据来源都具有其独特的价值和局限性,应用时需要考虑其适用性和准确性。

(1)科学研究。随机对照实验(RCT)、元分析(Meta)等经过严格设计和实施的研究,通常被视为高质量的证据来源。这是因为从方法上说,这些研究通过控制变量和系统性的方法来减少偏差,从而提供更可靠和普遍适用的结论。这些研究结论经过同行评审过程验证,确保其科学性和客观性。

(2)实践经验。专业人士的直觉和经验积累,也是重要的证据来源。虽然这些信息可能缺乏科学研究的严谨性,但它们提供了实践中的洞见和创新思维,有助于解决复杂和多变的社会问题。

(3)服务对象反馈。服务对象的体验和满意度可以提供对社会工作干预效果的直接评价，从而了解服务带来的实际影响。

（4）政策文件。法规、指南和标准，提供了社会工作实践的法律和伦理框架。虽然这些文件通常不提供具体的实践指导，但它们确立了社会工作实践的基本原则和界限。

证据质量和等级是证据的关键，决定和影响着证据的可信度与适用性。证据的质量和等级需根据不同的标准与评估方法进行判断、比较。例如，系统性的、经过同行评审的、基于随机对照实验的研究就属于高等级的证据，能够为实践提供较强的科学支持。相比之下，个人经验性的、未经验证的、基于观察或案例研究提供的信息就属于低等级的证据。虽有其价值，但在应用时需更加谨慎。一般来说，证据的质量和等级越高，证据的可信度和适用性就越强，证据对社会工作的决策和干预的影响力也越大。值得注意的是，并没有一个绝对统一的标准或方法共识来确定证据的质量和等级，不同的领域和机构的评估体系与评估工具存在差异，在具体情况下，社会工作专业人员也需要根据自己的专业知识和判断，选择和使用合适的评估标准或方法。

二　循证

循证是在决策和实践过程中主动运用证据的过程。循证强调在面对不确定性或争议性强的问题时，决策者或实践者应积极寻找、评估和应用相关的证据，以便支持或调整他们的判断、决策或行为。循证的核心目标是提升决策和实践的合理性、有效性和可信度，从而避免盲目、随意或偏见驱动的决策和实践。以下方面都可以被称为循证。

（一）寻找证据

在遇到需要决策或实践的情况时，主动去寻找与之相关的证据，而不是仅仅依赖自己或他人的直觉、经验或理论。寻找证据的方法可以有多种，如检索文献、咨询专家、收集数据等。寻找证据的原则是广泛性、系统性和及时性，既要尽可能地覆盖不同的证据来源、类型和范围，又要按照一定的逻辑和顺序进行检索与筛选，还要及时地更新和补充证据。

（二）评估证据

在获取相关的证据后，对证据进行质量和等级的评估，以判断其可信度和适用性。评估证据的方法可以有多种，如使用评估工具、比较评估标准、分析评估结果等。评估证据的原则是客观、批判和综合，即要根据事实和数据来评估证据，而不是根据主观和情感；要从多个角度和层面来评估证据，而不是从单一的角度和层面；要综合考虑证据的优势和局限，而不是片面地看待证据。

（三）应用证据

在评估了相关的证据后，根据证据的质量和等级，以及自己的专业判断和服务对象的意愿与偏好，来决定和执行相应的决策或实践。应用证据的方法有多种，如制订计划、选择策略、执行干预等。应用证据的原则是合理性、有效性和灵活性，即不是违背或忽视证据，而是要根据证据的指导和支持来决定与执行决策或开展实践；要根据决策或实践的目标和效果来评价与调整决策或实践，而不是固守或放弃决策或实践；要根据政策或实践的具体情境和变化来适应与修改决策或实践，而不是刻板或死板地执行决策或开展实践。

总之，循证的目的是要提高决策和实践的合理性、有效性与可信度，这也是循证的价值所在。合理性是指决策和实践是基于证据的支持和推理，而不是基于无根据的假设和推测。有效性是指决策或实践能够达到预期的目标和效果，而不是浪费时间和资源。可信度是指决策或实践能够得到他人的认可与信任，而不是引起他人的怀疑和反对。现实生活中决策或实践的挑战与风险往往来自盲目、随意及偏见。盲目是指决策或实践缺乏证据的依据与参考，没有明确的目的和方向。随意是指决策或实践是随心所欲地选择与执行，而非有明确的标准和程序。偏见是指决策或实践受到个人或团体的利益和情感的影响，而非有明确的公平和正义。总之，循证强调证据的力量，而非个人或团体的偏好，鼓励决策者基于事实和数据进行理性思考，而不是仅凭个人经验或直觉，以此保证决策过程的公正性和客观性。

三　循证社会工作

循证社会工作是在社会工作领域中应用循证方法的实践与研究，是一种将当前的最佳可用证据和专业判断与服务对象的意愿与偏好相结合的社会工作实践方法。循证社会工作不仅强调科学证据的重要性，还关注社会工作者的专业直觉和经验，以及服务对象的独特需求和背景。所以循证社会工作强调的是以循证为基础，而非以证据为全部。循证社会工作既强调了对科学助人的坚守，也体现了社会工作对专业价值的坚持，同时展现了对服务对象的多样性、多元文化的尊重和敏感。

在实施循证社会工作的过程中，社会工作者通常会采取一系列措施，包括识别和定义问题、搜寻相关证据、评估证据的质量和适用性、将证据融入实践决策，以及评估实践成果的有效性。这个过程需要社会工作者持续学习和调整，以确保他们的工作方法和策略始终基于最可靠与最新的信息，从而更有效地响应情境变化，以提供更有针对性和有效的服务。总体上，循证社会工作具有以下几个特点。

（一）以问题为导向

循证社会工作由实践中遇到的问题或目标来驱动，关注的是如何解决实践中的问题。

假设在某个社区中存在亟待解决的青少年犯罪问题。循证社会工作者会首先调查分析犯罪的具体原因，可能是贫困，也可能是缺乏教育机会或家庭问题。然后，循证社会工作者会寻找针对这些问题的证据支持的解决方案，如提供职业培训、教育资源或家庭辅导。

（二）以证据为依据

循证社会工作是由证据支持问题解决的，而不是由直觉或偏见来判断和影响；是以当前最佳证据为核心，而不是以意见为核心，关注如何寻找、评估和应用最佳可用证据，而不是如何表达或维护个人或团体的意见或立场。

假设一个社会服务机构想要减少老年人的孤独感。在循证社会工作中，工作人员不会仅仅依赖于直觉判断就认为增加社交活动就能解决此问题。相反，他们会查找相关的研究和数据，比如什么类型的社交活动对减少孤独感最有效。他们可能会发现，定期的小组活动和一对一的陪伴服务比大型社交活动更有效。基于这些证据，他们会设计和实施相应的服务计划。

（三）以结果为评价

循证社会工作是由结果来评价或调整实践中的决策或行动的，而不是被过程或形式而限制的；是以结果为导向，而不是以过程为导向。它关注的是如何测量和评估社会工作服务中的效果，而不是如何遵守或规范实践中的步骤或内容。

假设一个社会工作服务项目希望帮助失业者重新就业。在项目实施过程中，传统的评价可能只关注服务的提供情况，比如举办了几次职业培训课程。而循证社会工作则会关注这些服务的实际效果，比如参与者的就业率、工资水平和工作满意度。如果数据显示某些服务效果不佳，循证社会工作者会根据这些结果调整服务内容，比如增加职业咨询的频率或改变培训课程的内容，以提高服务的效率。

第二节　循证社会工作的基本原则

循证社会工作的基本原则为循证社会工作者提供了在实践中如何应用最新的研究证据，以增强实践效果和提高服务质量的方法与策略。具体包括以下基本原则。

一　必须基于当前的最佳证据

循证社会工作实践的核心是基于研究证据，且必须是依据当前最佳的研究证据，而不是传统的经验和直觉指导社会工作实践。具体包括以下几个方面。

（一）基于研究证据

循证社会工作强调社会工作者应该借助于定性和定量研究、实证研究、荟萃分析等方法所形成的证据，以提高实践的效果和效率，减少不必要的试错，为服务对象提供更好的支持和帮助。

例如，在为家庭暴力受害者选择干预措施时，社会工作者查阅了一项荟萃分析，分析了多项关于创伤治疗方法的研究，结果显示创伤聚焦认知行为疗法（TF-CBT）在帮助家庭暴力受害者恢复心理健康方面效果显著。基于这一综合证据，社会工作者可以选择将 TF-CBT 纳入自己的干预方案。

（二）优先使用最新的研究证据

最新的研究证据通常反映了不断发展的知识和实践，降低了过时或不准确信息的风险，因此，社会工作者应该及时了解、检索和运用最新研究证据。

例如，在儿童保护领域，早期的研究可能偏重于儿童从有问题的家庭环境中转移后的安置问题，但最新研究表明，通过家庭功能修复和家庭支持服务，可以在不转移儿童的情况下有效改善家庭状况。社会工作者在了解这一最新证据后，不是简单地将孩子转移到寄养家庭，而是开始为问题家庭设计修复计划，帮助他们解决根本问题。又如，一名从事老年服务的社会工作者，过去依据的是关于老年孤独的旧研究，把老年人的社区聚会和社交活动作为干预方式。然而，有最新研究表明，老年人的数字能力培训可以有效帮助他们与亲朋好友保持联系，减少孤独感。基于此最新证据，社会工作者增加了数字技能培训课程，帮助老年人学习使用智能手机和社交媒体。

（三）应评估研究证据的质量和可靠性

优质、有权威性的研究证据可以增强决策的可靠性和干预措施的有效性，因此，社会工作者在应用研究证据时应该注意评估证据的质量和可靠性，分析研究证据的设计、样本规模、数据分析方法以及结论的一致性等因素，判断研究证据的有效性和可靠性。

例如，在评估一项新的老年健康干预时，随机对照实验可以通过随机分配受试者到实验组和对照组，排除其他变量的影响，从而提高研究结果的可信度。又如，研究样本规模的大小会影响研究结果的可靠性。一项关于家庭暴力干预效果的研究，如果样本只有 20 个家庭，其研究结论的代表性和普遍性可能不足。而如果样本有 1000 个家庭，则研究结果相较于 20 个家庭就更具有可靠性和推广性。

（四）证据必须结合实际情境和实践经验

循证社会工作强调将研究证据与实际情境和实践经验相结合。研究证据应起到指导和支持作用，但在特定的实践情境中，就可能需要根据客观情况和个体差异进行适度调整和个性化应用，因此，社会工作者应该综合考虑研究证据、实践经验和客观情境，以制定最适合实践的干预策略。

例如，社会工作者在服务一个有情绪行为问题的儿童时，发现认知行为疗法（CBT）被广泛推荐用于帮助儿童管理情绪和行为。然而，在实际评估后，社会工作者发现该儿童生活在资源有限的社区，家长无法定期带他去参加治疗。社会工作者基于实践经验并结合研究证据，决定提供家庭支持和社区资源服务，并教授家长如何在家中实施 CBT 技巧。这种结合方式应用了有效的干预策略，可以解决这个家庭的实际困难。又如，有最新研究表明，提供职业培训能有效帮助失业者重返社会。但在实践中，社会工作者发现许多失业者还存在心理健康问题，如抑郁症和焦虑症，直接参加职业培训可能效果不佳。因此，社会工作者根据实践经验，结合心理健康支持和职业培训，通过先提供心理辅导再逐步过渡到职业培训的方式，对失业者进行个性化的干预。再如，有研究证据表明，定期的社交活动有助于改善老年人的心理健康状况。然而，社会工作者在实际工作中发现，有些老年人因为身体不好，不适合频繁参加外出活动。结合自身经验，社会工作者决定为这些老年人提供上门服务或虚拟社交活动，以满足他们的社交需求，同时根据他们的实际情况调整干预方法。因此，循证社会工作是基于证据的社会工作，而非完全受控于证据的社会工作。

二　以服务对象为中心的知情决策

社会工作的目标是为服务对象提供最佳的服务，服务对象的需求和优先事项是社会工作者决策的核心。同样，循证社会工作者也将服务对象置于实践的核心位置，致力于提供个性化和有针对性的支持和干预措施。具体而言包括以下几个方面。

（一）社会工作者与服务对象是平等和信任的关系

服务对象在循证决策过程中被视为主动参与者，拥有知情权、自主权和选择权。例如，社会工作者在为一个家庭制订儿童保护服务方案时，除了依据专业评估和证据，还会与家长和孩子进行充分的沟通。社会工作者会尊重家长的意见，并听取孩子的感受，确保家长和孩子具有参与感与责任感，确保家庭的需求和优先事项得到重视。家长与社会工作者共同制订符合这个家庭实际情况的服务方案。又如，在设计老年人的长期照顾方案时，社会工作者首先与老年人进行深度沟通，了解他们的生活偏好、健康需求。即使有证据表明，多频次的健康照顾是最佳选择，但该老年人希望减少照顾人员的介入，保持自己的生活节奏，社会工作者也会尊重老年人的意愿，与老年人协商并达成折中方案，提供适当的健康照顾。

（二）服务对象的需求和优先事项是实践决策的核心

社会工作者应该通过对服务对象进行评估和调查，了解其具体的需求和遇到的问题，了解其希望解决的优先事项和期望，确保所提供的服务能够真正满足其要求。

例如，社会工作者在为一个低收入社区设计发展项目时，通常会首先组织居民召开讨论会，鼓励他们表达对社区发展的想法和需求。虽然有证据表明，首先应该改善社区基础设施，但居民更关注子女教育和青少年犯罪问题。因此，社会工作者将这个社区发展项目调整为优先回应教育资源和社区安全的需求。又如，一位单亲母亲因经济困难寻求帮助，社会工作者在评估后发现她的首要需求是确保孩子能得到好的教育。尽管有证据表明，单亲家庭的干预侧重于心理支持和育儿培训，但是社会工作者还是首先帮她链接到了经济援助资源，并帮助她申请了儿童教育补助。

（三）循证社会工作鼓励服务对象的参与和合作

互信、参与和合作可以提高服务对象对服务的满意度，提高服务效果和可持续性。例如，在为老年人社区设计活动时，社会工作者邀请社区成员共同参与讨论，了解他们的兴趣和需求。通过多次讨论，老年人提出了他们对活动类型的建议，比如举办更多的健康讲座和艺术活动。之后，社会工作者将这些建议融入活动计划中，并鼓励老年人在活动中承担部分组织工作。这种合作设计不仅提高了老年人对活动的满意度，还增强了社区的凝聚力和参与感。又如，在设计一个青少年职业教育项目时，社会工作者与服务对象共同讨论他们的职业兴趣和未来目标。每个青少年都有不同的兴趣方向，社会工作者尊重他们的选择权，并提供了相关领域的资源。在整个过程中，青少年参与决策，选择适合自己的职业路径和培训项目。这种参与方式不仅提高了青少年的积极性，还使他们更有动力在项目中投入精力，从而提高了项目的有效性。

三　聚焦服务的科学性

循证社会工作强调服务的科学性，通常会优先选择系统评价、Meta 分析、实证研究等高质量的证据，并根据服务的具体情境评估其适用性，确保所采用的证据在具体情境下的有效性。具体而言包括以下几个方面。

（一）明确服务目标

例如，在一个社区发展项目中，社会工作者与社区居民一起探讨了社区的现状和问题，确定了该项目的实践目标为"改善社区安全并增强居民的参与感"。有了这个明确的目标，社会工作者可以参考研究文献中的成功案例，选择有效的干预措施，如实施社区巡逻计划和社区会议。明确的目标确保了干预措施的针对性，并为后续的评估和调整奠定了基础。

（二）将证据与社会工作者实践经验和专业判断经验相结合

例如，社会工作者在为一名经历家庭暴力的儿童提供服务时，参考了最新的研究证据，发现创伤聚焦认知行为疗法（TF-CBT）对帮助儿童缓解创伤症状最为有效。然而，基于以往的经验，社会工作者知道该儿童很难向他人表达。于是，社会工作者将 TF-CBT 的核心技术与实践经验相结合，采用了游戏治疗作为过渡工具，帮助孩子在轻松环境下逐步接受创伤聚焦认知行为疗法。这种结合既确保了科学证据的应用，又考虑到了个体的特殊需求。又如，一名社会工作者在设计青少年犯罪预防服务方案时，参考了大量的研究证据，发现以多系统治疗为基础的干预方法能有效减少青少年的犯罪行为。然而，基于他在当地社区多年的工作经验，他知道许多家庭对外部干预有极大的抵触情绪。社会工作者结合自己的实践经验，调整了多系统治疗的实施方式，与社区领袖和家庭一起合作，先引入小规模的家庭支持活动，逐渐建立信任后再实施完整的干预方案。这样结合证据与实践经验的方案增强了服务的可行性和有效性。

（三）必须认识到不同文化、不同社会背景和不同人群的特殊需求对服务实践的影响

例如，社会工作者在为一名少数民族老年人提供健康服务时，了解到该老年人有特定的饮食习惯和宗教信仰。尽管有研究证据支持某种标准化的饮食计划有助于老年人的健康，但该老年人强调饮食必须符合他的需求。于是，社会工作者与营养师合作，制订了一个既符合科学证据又尊重这位老年人文化背景的饮食计划。又如，在为一名来自低收入家庭的青少年提供心理健康服务时，社会工作者参考了大量的研究证据，采用了认知行为疗法来缓解其抑郁症状。然而，社会工作者同时也发现了该青少年还面临经济困难。因此，社会工作者将服务方案进行了调整，整合资源为他提供了经济支持。

（四）进行持续的评估并在必要时进行服务调整和优化

例如，社会工作者实施了一个基于研究证据的多系统干预项目，目标是降低社区内青少年的犯罪率。该项目实施后，社会工作者通过每个月的访谈和问卷收集数据，评估这些青少年在学校的出勤率、行为问题和家庭关系是否有积极变化。如果某些青少年的行为没有显著改善，社会工作者就根据评估结果对干预方案进行调整，如加强家庭支持或增加心理辅导。又如，社会工作者为在社区居住的老年人实施慢性病自我管理项目，希望帮助他们更好地控制疾病并提高生活质量。该项目实施后，社会工作者通过定期的健康评估、电话跟踪和家庭探访，监测老年人的健康状况、药物依从性和生活习惯的变化。如果发现某些老年人的健康状况没有改善，社会工作者会与医疗团队协作，调整这些老年人的饮食和运动计划，确保项目的有效性。

四　与利益相关方建立合作和伙伴关系

循证社会工作鼓励社会工作者在服务方案的设计和实施过程中与研究人员、政策制定者、社区成员等多方合作，共同确保服务的可持续性、可接受性和有效性，同时提高社会工作的社会影响力和可信度。具体包括以下几个方面。

（一）识别利益相关方

社会工作者需要识别和确认服务过程中可能涉及的利益相关方。利益相关方可以是服务对象、家庭成员、社区居民、社会组织、政府部门等。明确利益相关方的身份和利益是实现参与及合作的基础。

例如，社会工作者在开展受虐儿童保护时就可能涉及多个利益相关方，如学校教师、心理医生、社区志愿者、当地儿童保护机构及法律部门等。通过确认利益相关方，社会工作者能够与各方协作，共同制定干预目标，确保儿童在学校、家庭和社区都能得到保护与支持。又如，在为无家可归者设计安置和社会融入服务方案时，社会工作者认识到无家可归者本人及其家人、地方政府住房部门、就业培训机构、非营利性组织、当地社区领导者等都是这项服务的利益相关方，他们在提供住房、就业支持、心理健康服务和社区融入方面都扮演了重要角色。将利益相关方纳入服务方案的设计和实施，可以确保服务效果的全面性和可持续性。

（二）建立有效的沟通渠道

社会工作者可以通过面对面的会议、讨论小组、电子邮件、在线平台等多种方式确保服务过程中信息的共享和互动。

例如，在一个青少年戒毒项目中，社会工作者会与青少年的家长、学校老师、心理医生和社区服务机构等多个利益相关方合作。社会工作者每周通过电话或面谈与家长和学校进行沟通，汇报青少年戒毒的进展和遇到的问题。此外，社会工作者还与医生和康复机构保持定期联系，分享干预的数据和进展，确保所有利益相关方能够随时参与决策并对干预做出调整。

（三）社会工作者与利益相关方共同制订和评估服务方案

例如，在社区健康推广项目中，社会工作者与社区居民、地方卫生部门和社会组织合作。社会工作者首先通过居民会议收集社区需求，然后与卫健部门和社会组织召开会议，综合各方意见，共同制订出符合这个社区需求的健康教育和服务计划。各方共同决定优先解决哪些健康问题，如何分配资源，并建立定期评估机制。这种共同决策确保了社区健康项目不仅符合社区实际需求，还得到了各方的支持和持续参与。又如，在为一名有学习障碍的儿童设计教育支持计划时，社会工作者邀请了家长、学校老师、心理医生及儿童本人参与决策会议。各方共同讨论了儿童的需求和可行的干预措施。家长分享了家庭中的困难，老师提供了儿童学习的行为特点，心理医生介绍了心理干预建议，而儿童则表达了自己对学习给予帮助的期望。通过共同协商制订了一个结合教育支持和心理健康服务的综合方案。

（四）开展共同学习和培训活动

为了促进社会工作者与利益相关方之间的合作，可以开展共同学习和培训活动。社会工作者可以组织专题讲座、工作坊和培训课程，邀请利益相关方参与，共同学习最新的研究成果、实践指南和技术，以提升利益相关方的专业能力、提高他们对实践的理解度和参与度。例如，在某一社区健康促进项目中，社会工作者组织了一系列工作坊，邀请社区居民、地方卫生部门工作人员和非营利性组织成员共同学习如何应对公共卫生危机，如流感暴发。通过引入新的公共健康研究成果和实用的健康管理工具，所有利益相关方都提升了他们在健康倡导和管理方面的技能。共同学习不仅促进了彼此的合作与理解，还增强了各方在项目实施中的责任感和行动能力。

第三节　循证社会工作产生的必要性

一　循证社会工作与传统社会工作的比较

（一）传统社会工作的类型

1. 基于直觉的社会工作

基于直觉的社会工作是指社会工作专业人员根据自己的直觉或感觉来决定和实施社会工作的干预，而不考虑证据的存在或重要性。

基于直觉的社会工作的优势在于以下几点。（1）快速反应能力。在紧急情况下，社会工作者可能需要迅速做出决策，此时直觉可以提供即时的指导。（2）灵活性。每个服务案例都是独特的，直觉使得社会工作者能够灵活地根据每个个案的特定情况做出反应。（3）个性化。直觉驱动的实践可以更好地理解和适应服务对象的个人需求与情感状态。

基于直觉的社会工作的局限性在于以下几点。（1）不可靠。基于直觉的实践可能会受到个人情绪、偏见或过往经验的影响，这可能会使社会工作者做出不一致和不可靠的决策。例如，在一个涉及不同文化背景的家庭服务中，社会工作者基于直觉决定以直接沟通的方式处理家长与孩子之间的冲突。然而，该家庭的文化背景强调尊重长辈和含蓄表达，导致这种基于直觉的决策加剧了家庭的紧张氛围。（2）缺乏客观性。基于直觉的实践是主观的，可能缺乏必要的客观性和理性，从而影响决策的有效性。（3）难以复制。基于直觉的实践难以在不同的社会工作者之间复制或实现标准化，因为它高度依赖个人的主观感受。

2. 基于经验的社会工作

基于经验的社会工作是指社会工作专业人员根据自己的经验或其他人的经验来决定和实施社会工作的干预，而不考虑证据的质量或适用性。这种工作方式强调从经验中学习，并使用这些学习得来的经验应对当前的挑战和决策。

基于经验的社会工作的优势在于以下几点。（1）实用。经验提供了具体、实际的指导，可以直接应用于类似的情况。（2）熟悉。依赖经验意味着社会工作者处理问题时可以借鉴已知和熟悉的解决方案。（3）可信。经过时间验证的经验通常被视为可靠和值得信赖的。

基于经验的社会工作的局限性在于以下几点。（1）有限性。个人经验可能有限，不能涵盖所有可能的情况或挑战。（2）过时性。随着社会和科学的发展，过去的经验可能不再适用于新情况。（3）偏见。经验可能包含个人偏见，特别是当它未经批判地被接受时。

基于经验的社会工作在某些情况下可能非常有效，特别是在处理常见问题或已知情境时。然而，依赖经验可能导致社会工作者忽视新的研究发现和创新方法，限制了他们应对新挑战的能力。例如，一名社会工作者依赖多年经验，在处理青少年行为问题时，继续采用常规的行为矫正方法，如个别辅导和家庭介入。这种方法对大多数青少年行为问题有效，但这次的服务对象是一名参与网络欺凌的青少年，涉及数字平台和社交网络问题。由于没有采用有针对性的新方法，问题并没有得到有效解决。因为社会工作者的经验虽然有助于应对家庭和学校中的传统问题，但忽视了关于网络欺凌和数字行为干预的最新研究。

为了提升社会工作实践，社会工作者需要平衡利用经验和积极寻找、评估和应用新的科学证据。这要求他们持续学习，更新他们的知识和技能，以保持与时俱进。通过结合经验和科学证据，社会工作者可以更全面地理解和应对复杂多变的社会问题，提供更有效和适应性更强的服务。

3. 基于理论的社会工作

基于理论的社会工作是指社会工作专业人员根据某种理论或模型来决定和执行社会工作的干预，而不考虑证据的来源或有效性。这种方法强调理论框架的指导作用，并以理论的视角解释和应对社会问题。

基于理论的社会工作的优势在于以下几点。（1）系统性。理论提供了一个系统的框架来理解复杂的社会现象。（2）逻辑性。理论驱动的实践依据逻辑推理，确保干预措施的连贯性和合理性。（3）一致性。理论为社会工作实践提供了一致的指导原则和方法。

基于理论的社会工作的局限性在于以下几点。（1）抽象性。理论往往是抽象的，可能与实际情况脱节。（2）僵化。严格遵循特定理论可能导致实践变得僵化，不够灵活以应对多样化的个案需求。（3）狭隘性。过分依赖单一理论可能忽视其他有价值的视角或方法。

基于理论的社会工作在提供清晰指导和理解复杂问题方面非常有用。然而，如果过分依赖理论而忽视实际证据和情境的变化,可能会限制社会工作的有效性和适应性。例如,一名社会工作者依赖皮亚杰的儿童发展理论,认为某名儿童的行为问题是因为处于某个特定的发展阶段,需要等待自然过渡。然而,实际证据表明该儿童的行为问题,可能是因为遭受了家庭暴力或情感忽视。尽管理论解释了儿童的正常发展,但社会工作者忽视了当前的环境和实际证据,没有及时采取干预措施,导致问题持续恶化。这种过分依赖理论的做法忽视了儿童所处的真实情境,影响了干预的有效性。又如,社会工作者在处理家庭矛盾冲突案件时,严格依赖家庭系统理论,认为家庭成员之间的互动模式是问题的根本原因。因此,社会工作者专注于调整家庭角色和沟通方式。然而,最新的证据表明该家庭中的问题源于一名家庭成员的严重心理健康问题,需要医疗干预。社会工作者依赖理论框架,忽略了对具体情况的评估和证据,未能为该成员提供所需的心理健康支持,导致干预效果不佳。

为了实现有效的社会工作干预,社会工作者需要在理论指导和证据基础的实践之间找到平衡。这要求他们既要熟悉和理解相关理论,又要持续关注新的研究发现和实践证据。通过这种综合方法,社会工作者才可以更全面地应对各种挑战,为服务对象提供更为精准和有效的服务。

(二)循证社会工作与传统社会工作的比较

1. 理论取向不同

(1)循证社会工作的理论取向

循证社会工作更加重视证据支持和在实践中的有效性检验。主张采用那些经过科学研究验证和评估的证据,确保所采用的方法和干预措施建立在坚实的证据基础上。在循证社会工作中,理论不仅是思考和分析的工具,更是指导实际工作的基石。这也意味着理论是在现实环境中经过检验，以证明其有效性和适用性的理论。循证社会工作特别重视实证研究的重要性，确保理论和实践的紧密结合，从而提升社会工作的科学性、效果和质量。

例如，在处理家庭暴力案件时，循证社会工作者会参考最新的实证研究，采用创伤聚焦认知行为疗法，这种方法已被证据证明能有效帮助受害者应对创伤。社会工作者通过研究和数据支持，确保干预措施建立在证据的基础上，并在实践中定期评估方法的有效性，以提高干预效果。在处理青少年行为问题时，循证社会工作者则会基于实证研究，采用多系统干预的方法，这是一种在青少年行为矫正领域经过验证的综合干预方法。多系统干预结合了家庭、学校和社区的支持系统，循证社会工作者通过科学研究评估其效果，确保青少年的行为得到有效改善。

（2）传统社会工作的理论取向

在传统社会工作实践中，理论的选择和应用更多地受到其哲学根源和价值取向的影响。倾向于采用经典和广泛认可的理论，这些理论通常基于长期的传统社会工作或者反映特定的社会价值和文化背景。在这种情境下，理论被视为指导实践和决策的哲学框架，其选择更多的是基于理论的哲学深度和价值导向，而不是单纯的科学证据支持。因此，传统社会工作者可能更加重视理论在指导实践中的哲学和价值角度，而非其实证研究基础。

例如，在传统社会工作中，社会工作者可能依赖卡尔·罗杰斯的人本主义理论来指导个案辅导。该理论强调尊重个体的价值和自我实现，注重以服务对象为中心的积极关注。这种理论的选择更多基于其哲学根源，强调人类的内在潜力和个人尊严，社会工作者更注重创造一个温暖、安全的环境，帮助服务对象自行发现问题的答案，而不一定参考最新的干预技术或实证研究的支持。又如，在老年服务工作中，传统社会工作者可能采用社会角色理论，认为老年人随着年龄的增长逐步退出社会角色是正常的自然过程。因此，社会工作者的实践更多是基于哲学和社会价值，提供服务以缓解老年人因角色转换引起的情绪低落，而不一定关注实证研究是如何说明老年人在维持社会角色时生活质量更高。

2. 方法论不同

循证社会工作和传统社会工作虽然都使用多种方法来收集和分析信息，但在方法论上有明显的不同。

（1）循证社会工作的方法论

循证社会工作更强调方法的科学性和系统性，更倾向于使用经过科学验证的证据，如随机对照实验、元分析和系统评价。另外，循证社会工作倾向于使用定量方法来收集和分析数据，因为这些方法能够提供可量化和客观的结果。此外，循证社会工作也越来越多地采用混合方法，结合定量和定性的数据来获得更全面的理解。

在处理家庭暴力案件时，循证社会工作者会参考系统评价或元分析，选择那些在科学研究中被证明有效的干预方法，如创伤聚焦认知行为疗法，并通过定量数据（如受害者的创伤症状减轻情况）来评估干预效果。此外，循证社会工作者可能会结合定量和定性数据，进行混合方法研究，以全面了解受害者的需求和干预效果。

在无家可归者的安置服务中，循证社会工作者可能会采用混合方法，使用定量的调查问卷来评估无家可归者的需求（如住房、就业和心理健康）并结合定性的深度访谈，确保干预方案建立在广泛的数据支持基础上。他们可能会参考随机对照实验结果，采用"住房优先"模式，因为这一模式已被广泛验证为改善无家可归者长期生活稳定的有效方案。

（2）传统社会工作的方法论

首先，传统社会工作更强调方法的灵活性和多样性，更注重于根据具体情况调整方法和策略；其次，传统社会工作更倾向于使用定性研究方法，如案例研究、叙事分析等，这些方法有助于深入理解个体的经历和感受；最后，参与式方法也是传统社会工作常用的方法。例如，在处理家庭暴力案件时，传统社会工作者可能依赖深度访谈或个案研究，通过与受害者的长期对话，深入理解其个体处境和心理状况，并且社会工作者会更多依赖经验，并结合社会工作理论（如创伤理论）来制定干预策略。又如，在无家可归者的安置服务中，传统社会工作者可能通过深入的个案访谈和现场观察，了解每位无家可归者的背景、需求和挑战，基于个体化的经验为其提供庇护和支持。

方法上的差异对社会工作实践有深远的影响。循证社会工作的方法倾向于提供更加客观和标准化的结果，有助于评估干预的有效性和普遍性。而传统社会工作的方法则更注重于对个体化和情境化的理解，能够为个体服务对象提供更符合其特定需求的服务。在实际应用中，社会工作实践者可以根据具体情境和需求，灵活运用这两种方法。

3. 干预过程不同

在社会工作实践中，循证社会工作和传统社会工作虽然都遵循特定的过程，但其侧重存在显著差异。

（1）循证社会工作的过程

循证社会工作过程的核心是循环性和批判性。这一过程并非线性或有固定结束点，而是一个持续的循环，要求不断评估和改进。通过这种方式，循证社会工作能够确保实践基于最佳可用的证据，同时灵活应对不断变化的环境和需求。

循证社会工作通常遵循六个步骤：问题识别、证据收集、证据评估、证据整合、证据转化以及服务方案的制订、实施、评估与证据反馈。每个步骤都以证据为基础，确保干预措施能够达到预期效果。

步骤一：问题识别

第一，全面评估服务对象需求。社会工作者需要通过观察、访谈、问卷调查以及与其他相关人员沟通等多种方式，尽可能全面地了解服务对象所面临的实际困难、需求及资源状况。服务对象需求评估旨在通过收集关于服务对象生活情境以及身体、心理、社会和文化背景等方面的信息，明确服务对象的需求。

第二，确立可回答的实践问题。在综合评估需求的基础上，社会工作者将服务对象需求和困境转化为明确的问题表述（如哪些干预方式能够有效缓解某问题），以便后续能针对这些具体问题收集并筛选高质量的研究证据。

第三，关联服务对象的具体生活情境。服务对象的生活环境、社会支持系统以及文化价值观各不相同。将实践问题与这些个性化因素相结合，可以提升后续干预方案的针对性，也能使证据收集与整合更贴近现实环境。

步骤二：证据收集

第一，集中寻找可行的干预方法。根据确立的实践问题，社会工作者有针对性地在各类数据库、文献资料、实务案例中查找相关的干预或者服务方式，尤其应关注那些针对相似问题或群体开展的一手研究和经验总结。

第二，在证据不足或质量不高时进行系统评价。当现有研究证据不足或质量一般时，需要对已有文献进行更深入的检索和分析，可以结合多项研究的结果，更全面地把握干预方法的适用性和效果。若依旧无法获取足够证据，社会工作者可能需要进一步进行探索性研究或与研究机构合作，以获得更有针对性的高质量数据。

步骤三：证据评估

第一，不仅要关注研究结论，也要关注研究过程。社会工作者不仅要看研究得出的结论是否合乎逻辑，还应关注研究所采用的设计类型、数据收集与分析方法，以及样本是否具有代表性等。只有在充分了解研究过程和方法是否严谨的前提下，才能确保其结论的可信度。

第二，评估内在效度及结果可信度。"内在效度"指研究设计能否准确测量意图观察的变量，以及结果是否真实反映了变量之间的关系。只有确保研究不存在明显的偶然因素、偏差或其他干扰，才能将其结论作为可靠证据来指导实践。

第三，选择当前最可靠、最有效的证据来指导实践。通过深入的批判性评估，社会工作者可以筛选出在方法学和结论上质量更高、与目标人群和干预目标更契合的研究，从而更有把握地在实际操作中采纳这些证据。如此才能在干预成效和客户满意度方面取得更好的效果。

步骤四：证据整合

第一，综合服务对象需求与研究证据。社会工作者将已收集到的高质量证据与对服务对象个性化需求的前期评估相结合，进一步关注服务对象独特的生活环境、社会地位、心理状态及文化背景，避免"一刀切"。

第二，与服务对象及利益相关方讨论利弊。在整合证据的同时，需要与服务对象本人、其家庭成员和其他利益相关方进行充分沟通，共同权衡不同干预方案的优劣势、资源利用以及社会或经济影响。

第三，社会工作者的批判性反思与专业经验。证据整合并不意味着只依赖研究结论，还需要社会工作者结合自身积累的专业经验、对工作情境和政策环境的理解，以及对道德与伦理的考量，这样才能在实际服务中兼顾科学性和伦理性。

步骤五：证据转化

第一，评估证据在地化的实用性和适用性。证据在论文或研究报告中可能展现出了积极效果，但在某一社区或机构落地时，还需考虑当地资源、文化和政策等实际因素。例如，是否有足够的人力、资金、技术配合实施，干预对象是否具备相应的认知能力和接受度，等等。

第二，覆盖和可及性。在设计和选择干预方案时，要关注目标服务群体能否真正接触到、理解并参与该方案。覆盖范围、交通条件、语言、健康识读能力以及社会偏见或歧视等因素，都可能影响方案的落地成效。

第三，成本效益和可持续发展。除了实用性，也要分析该干预在成本投入和预期收益之间的平衡，考虑能否长期维持。对管理者和相关利益方而言，要确保有限资源最大限度地转化为积极的社会与个人效益，避免"抓不实"或短期内就难以为继的情况。

步骤六：服务方案的制订、实施、评估与证据反馈

第一，制订服务方案。在整合前述信息（服务对象需求、研究证据、机构环境、可用资源）的基础上，社会工作者可制订具有针对性和可操作性的服务方案，明确介入目标、操作流程和人员分工等。

第二，实施与持续调整。在服务方案具体执行过程中，可能会遇到新问题或遭遇环境变化，这就需要社会工作者及时跟进并做出灵活调整。例如，适度调整干预手段、引入新的资源或增减行动步骤，以确保方案顺利推进。

第三，多维度评估干预效果。评估不仅要关注干预结束时的最终成效，也要注重过程性指标（如服务对象接受程度、负面反应、资源配比效率等）。社会工作者可定期或阶段性地收集量化数据和质性反馈，以判断介入是否达到预期目标、是否需要改进。

第四，证据反馈与持续改进。在总结分析评估结果后，再次回到前期证据库，对成功经验和不理想之处分别进行记录和总结。这些经验教训可用于丰富后续服务方案的设计，或作为优化机构政策和行业实践指南的重要依据，实现实践与研究的良性互动。

（2）传统社会工作的过程

传统社会工作实践的核心特征是其线性流程和合作性。通常，这种方法按顺序进行，强调与服务对象的紧密合作和参与。具体来说，传统社会工作过程可分为以下几个步骤。

步骤一：问题评估

问题评估是社会工作者对服务对象面临的问题进行深入理解和评估。在这一过程中，社会工作者与服务对象密切合作，确保全面了解其具体情况和需求。

步骤二：目标设定

在明确问题后，社会工作者会设定具体的干预目标。这些目标与服务对象的需求和期望相一致，确保干预措施符合他们的最佳利益。

步骤三：干预计划和实施

目标设定后，社会工作者将制订具体的干预计划并开始实施。这包括咨询、资源链接等各种服务和支持。

步骤四：评估和反馈

在实施干预计划后，社会工作者会评估其效果，获取服务对象的反馈。

与循证社会工作相比，传统社会工作过程强调对个体情境的敏感性和以服务对象为中心的过程。而循证社会工作则更侧重科学证据和方法论的严谨性。在实际应用中，社会工作者可以结合这两种方法，以最大限度地满足服务对象的需求并增强服务效果。

4. 结果评估不同

循证社会工作和传统社会工作都关注社会工作的效果和服务质量，但循证社会工作更注重对干预效果的客观测量和评估。

（1）循证社会工作的结果评估

循证社会工作通常使用标准化的结果指标，如统计数据、成果量表和评估工具，通过量化的方式证明干预的有效性和效率。这种方法强调通过可测量的数据来验证社会工作实践的效果，以确保服务的科学性和可靠性。

（2）传统社会工作的结果评估

与循证社会工作更强调结果的测量和评估相比，传统社会工作更注重效果的体验和反馈。它倾向于使用个性化和主观的评估方式，如服务对象的自我报告、案例研究和定性反馈社会工作实践对服务对象生活的实际影响、个人感受和情境的变化。

这种差异反映了循证社会工作和传统社会工作在评估成效时

的不同取向：循证社会工作更加重视客观数据来证明干预的有效性，而传统社会工作更注重理解干预对个体和情境的影响。虽然循证社会工作者也会使用定性证据，但他们的侧重点是通过标准化的工具和实证研究支持干预的效果，同时结合定性数据以获得更全面的理解。而传统社会工作者则更倾向于通过服务对象的个体反馈和对情境的深度理解来评估干预的效果，可能不那么依赖系统化的工具或数据。

（三）采用哪种方法取决于具体的案例

这一对比揭示了两种方法在理论、过程和效果上的核心差异。两种方法各有优势与局限，选择哪种方法取决于具体的情况、目标和价值取向。在实践中，许多社会工作者会结合这两种方法，以实现最佳的服务效果。例如，在处理家庭暴力案件时，循证社会工作者可能使用创伤后应激障碍（PTSD）评估工具（定量数据），并结合访谈（定性数据）来评估受害者的创伤恢复过程。通过定量和定性相结合的方式确保干预措施既有数据支持，也能反映受害者的情感变化和社会环境的复杂性。而传统社会工作者则更依赖服务对象的主观反馈，如受害者对干预的即时反应和情感上的感受，可能不使用标准化的工具，而更多通过关系建立和对服务对象生活背景的理解来评估成效。又如，在老年人的长期健康照顾计划中，循证社会工作者可能使用老年人生活质量评估量表（定量）来衡量照顾的有效性，同时结合对老年人及其家属的访谈（定性）来收集反馈的关键信息。这种方法不仅依靠定量的数据，也通过定性的反馈来确保这个照顾计划贴合老年人的需求。传统社会工作者则更多关注老年人如何体验被照顾的过程，倾向于通过定性反馈，如老年人的感受、情感和家庭关系的改善，来评估健康照顾的效果，较少依赖量化数据。

二　循证社会工作产生的必然性

(一) 社会变革驱动社会工作必须转型

随着社会的不断进步与变化，社会工作者面临越来越复杂和多元化的社会问题。全球化、技术进步、环境问题等因素对个人和社区产生着深远的影响，使社会工作者必须具备应对不同情境和需求的能力。例如，全球化改变了经济活动的方式，带来了文化碰撞和多样性，也引发了就业转移和社区凝聚力下降的问题。技术进步改变了人们的工作和交流方式，尽管信息获取更加便捷，但也对隐私保护和信息安全提出了新的要求。气候变化和资源匮乏等环境问题对社区的生活质量和应急管理能力提出了新要求。此外，家庭暴力、移民问题、心理健康、不平等、收入不足等复杂的问题往往涉及多个层面，需要系统的解决方案。例如，贫困与不平等限制了个人的发展机会，扩大了社会差距，影响了社会的稳定和公平。家庭暴力影响个体的身心健康，并对家庭结构造成长期伤害。移民问题涉及文化冲突、就业困难和社会融入。抑郁、焦虑等心理健康问题严重影响了个体和家庭的生活质量。

面对这些挑战，如果只是采用依赖直觉、个人经验或理论的传统社会工作方法进行干预，没有系统的评估和科学依据就会显得力不从心。例如，针对家庭暴力、心理健康、不平等、收入不足等多层次问题，需要提供全面、精准的解决方案。相比之下，循证社会工作依赖最新的研究成果和科学证据，能够帮助社会工作者及时更新知识和技能，制定经过验证的干预策略。通过循证实践，社会工作者能够更准确地评估问题，灵活应对复杂的社会挑战，为服务对象提供更精准、更有效的支持。这种基于证据的方法能够协助社会工作者在面对变化和复杂性时，做出有效的决策，提升服务质量。因此，传统的社会工作者需要进行自我转型，并应在社会工作实践中具备以下几项能力。

（1）敏感性和关注度。社会工作者需要对家庭暴力、移民问题、心理健康、不平等、收入不足等问题保持高度敏感，理解这些问题的根源和多样性，从而有效提供支持和服务。

（2）综合性和系统性思维。由于这些问题涉及多个层面，社会工作者必须具备系统的思维能力，能够理解问题之间的相互关联，并运用多种理论和方法，制定全面的干预策略。

（3）文化敏感性和多样性。面对来自不同文化背景的服务对象，社会工作者需要具备跨文化的敏感性，尊重文化差异，理解个体的特殊需求，并在实践中融入文化背景。

（4）建立合作关系。社会工作者需要与社区组织、政府机构、心理健康专家等建立紧密的合作，协调资源，共同制订解决方案，提升干预效果。

（二）循证社会工作提升干预效果与专业性

循证社会工作认为社会工作要确保其干预效果和专业性，必须做到以下几个方面。

第一，为了避免盲目依赖个人直觉或经验，减少干预中的不确定性，就必须坚持将最新的研究成果应用到实践中，以确保社会工作干预的有效性和可靠性。例如，在处理心理健康、家庭暴力或移民问题时，循证社会工作者要依托相关领域的最新研究，采用经过科学验证的方法和技术。只有这种以科学证据为基础的决策过程，才能使社会工作者提供更精准的服务，提高干预的成功率。尤其是在应对复杂、多层次的社会问题时，循证社会工作必须整合不同学科的知识和方法，确保干预更加全面和系统。

第二，在推动专业化发展方面，循证社会工作者应不断更新他们的知识和技能，确保他们的实践符合最新的科学标准。同时要求具有批判性思维，能够评估和筛选最佳的研究证据，再将证据转化和应用到实际工作中，从而确保持续提升社会工作者的专业判断力，提升他们的理论素养，使他们能够在多变的社会环境中做出明智决策。

第三，循证社会工作还强调要通过提供标准化的评估和反馈机制，使社会工作实践变得更加透明和可衡量。社会工作者通过量化指标和定性反馈来评估干预措施的效果，并根据实际情况及时调整干预计划和更新证据。这种标准化的评估方式不仅可以确保干预的质量，还可以保证社会工作者的实践更具科学性和可复制性，增强了其在不同场景中的适用性。

（三）循证社会工作回应了社会工作提高科学性的要求

循证社会工作回应了社会工作领域长期以来对专业化和科学化的需求。在历史上，社会科学一直在寻找降低主观判断和随意性的研究方法，从孔德引入的实证主义到韦伯提出的社会科学与自然科学的区别，都是朝这个方向迈出的重要一步。在当今信息化时代，信息量大且复杂，各学科都在探索新的科学方法，社会工作也不例外。循证运动的兴起，促使社会工作者不仅要依赖个人经验或理论，而且要采用科学证据和实证研究来指导他们的实践。

循证社会工作能够提升其科学性的几个关键因素包括以下几点。

（1）科学设计和验证的干预方案：每个干预方案都必须基于明确的理论和假设，经过科学的设计和验证。干预不仅要提供服务，还要对服务对象问题进行深入理解，并通过科学方法来解决。

（2）重视证据等级：循证实践的核心在于使用高等级的证据。证据等级越高，干预方案的可靠性就越强。这促使社会工作者优先采用经过严格验证的研究成果。

（3）标准化的评估工具：为了确保干预的可测量性和可靠性，循证社会工作使用规范的测量工具来记录干预过程和结果。这种标准化的评估方法使干预结果更加科学和可复制。

总之，循证社会工作当前已经是西方社会工作的主流模式，受学者和社会工作者的青睐。但也有批评者指出，循证社会工作过于依赖系统评价和元分析等高级别证据，而忽视了其他类型的研究。同时，过度依赖理性决策和最佳证据的理想化追求，对复杂情境中的社会工作实践产生限制。随着循证社会工作的发展，面对这些质疑，循证社会工作的研究者和实践者也日益重视包括质性研究在内的多种证据形式。这种对多种证据的重视不仅增强了循证社会工作的灵活性，还回应了不同情境下证据转化和适用的问题。例如，在移民、少数民族社区或面临文化差异的服务对象中，质性研究往往能够揭示重要的社会和文化因素，帮助社会工作者设计更具个性化的干预策略。

不仅如此，循证社会工作也非常重视证据的转化和应用，以此来解决不同情境下证据的适用性问题。通过证据转化机制将研究成果转化为实际可操作的工具和策略。这意味着即使高级别的定量证据，也能够通过灵活调整，应用于不同的社会环境和服务对象。证据的转化和应用不仅推动了科学研究向社会工作实践的转化过程，还确保了证据在实际应用中的有效性和可操作性。换言之，随着循证社会工作的不断发展，它不仅没有忽视其他类型的研究，反而更加强调多元证据的整合和应用。在应对复杂社会问题时，循证社会工作通过证据转化，成功地将理论与实践紧密结合，回应了不同情境下的服务需求。

（四）管理需求推动循证社会工作转型

20 世纪后期，随着社会工作和其他临床实践逐步走向专业化和科学化，管理层对这些服务提出了更高的要求。新自由主义福利国家的管理主义推行了一系列措施，要求社会服务能够证明其效果和效率（Witkin & David，2001）。而且，随着有关社会工作诉讼案件数量的增加，法院要求这个助人职业对服务质量和结果承担法律责任，这推动了社会工作对结果和绩效的关注。

同时，面对资金、人力和时间有限的社会工作服务资源，社会工作者需要确保这些资源得到有效利用，以最大限度地提升干预效果。贫困、失业、家庭暴力、儿童保护等复杂问题都需要高效且经过验证的解决方案。因此，社会工作迫切需要提供高质量且能达到预期效果的干预模式。循证社会工作的出现与发展正是为了回应这一需求，它通过科学方法确保资源得到最优利用，同时提高服务质量和效益。

不仅如此，对于管理者来说，服务目标的实现和资源的高效利用同样至关重要。因而，循证的理念不仅局限于服务本身，还渗透到了项目设计、服务质量监控和管理的各个环节。通过动态数据采集和质量评估，管理者可以利用循证实践对社会工作团队进行监督和优化。这些工具和指标能够帮助管理者定量和定性地评估干预的效果，及时发现问题并进行调整，确保服务持续保持高标准，推动社会工作向标准化和系统化方向发展。

第二章　循证社会工作的发展及其对
中国本土实践的启示

第一节　证据革命

一　证据的概念及其发展

证据是指通过科学研究、观察和实践所获得的信息、数据、事实和理论，用来支持或反驳特定主张或论断的内容。在循证社会工作中，证据来源也是多样的，如实证研究、实践经验、专家意见、案例分析等。

证据的演变经历了几次重大转变，通常被称为"证据革命"。最初，证据的"金标准"以随机对照实验（RCT）和其他定量方法为主，强调客观性和可重复性。虽然定量方法提供了有价值的见解，但它们在解决涉及医疗健康、社会工作和政策制定等复杂问题时存在不足。随着时间的推移，循证实践者也逐步认识到定性研究在捕捉定量方法经常忽视的生活经历、文化细微差别和背景因素等方面的优势。今天，证据开发已经扩展到了定性和定量的结合。这种集成可以更全面地理解问题，同时纳入可测量的数据和个人体验。例如，混合方法和自适应设计现在被广泛用于解决贫困、公共卫生危机和社会不平等等复杂问题。快速整合证据有其重要性，尤其是实时数据收集和快速审查为决策者提供了及时干预所需的见解。

更具包容性和适应性的证据框架的转变回应了早期学界对循证实践的批评，即认为循证侧重于系统评价和荟萃分析等高级证据，循证实践过于僵化。现在，循证实践已经包括各种形式的研究，协助政策和具体的干预措施是针对特定人群与背景量身定制的。这种演变增强了证据在具体情境中的适用性和灵活性，也见证了证据从早期、严格的模型到更具适应性、包容性和响应性的关键转变。

二　证据革命

目前，英国很多学校已经使用系统评价的证据来决定如何分配资源和规划课堂活动。美国国会在 2018 年通过了《循证政策制定法案》（*Evidence-based Policy Making Act*），进一步推动了在政策制定中依赖科学证据的趋势。这些行动是"有效方法运动"（What Works Movement）的一部分，旨在通过科学验证的干预措施，改善学习效果、减少儿童虐待和无家可归的现象、降低犯罪率和增进公共福利（White，2019）。

证据革命的先驱唐纳德·坎贝尔（Donald Campbell）在 1988 年提出了"实验社会"的愿景，认为社会政策的制定与实施应该基于高质量的研究证据。这种理念自 20 世纪 30 年代在美国开始应用。近年来，在"有效方法运动"的推动下，证据的使用发生了重大变化，可以称之为一场"证据革命"。

通过这样的变革，政策和项目能够基于数据和研究结果，使决策更加可靠并有效解决社会问题。这种变化在教育、公共安全等各个领域带来了深远的影响，使社会问题的处理变得更加科学和系统。证据革命的发展，共经历了以下几个阶段，如图 2-1 所示。下文具体分析几次证据革命的情况。

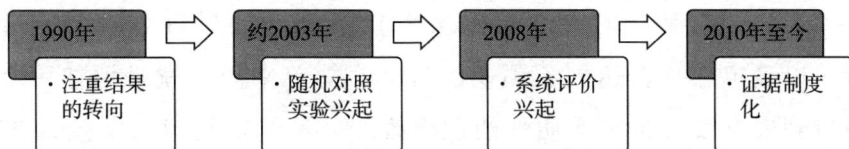

图 2-1 证据革命发展历程

（一）第一次证据革命：结果导向的转变（从 1990 年开始）

第一次证据革命发生在 20 世纪 90 年代，重点是推动政府和公共机构在制定和实施政策中必须依赖数据与证据。这一转变的里程碑是 1993 年美国通过的《政府绩效和结果法案》，以及 1999 年英国发布的《政府现代化白皮书》。这些法律和政策文件要求政府机构对其绩效负责，通过失业率、贫困率等精确的指标来衡量其管理效果。这与过去仅根据花费或投入的多少来评估业绩有很大不同。

到了 20 世纪 90 年代中期，世界银行等机构发布了"首选指标"系列，例如"减贫监测指标"和"民主与施政方案手册"等，借助这些指标系列协助不同的机构更好地评估其工作成果。然而，这些指标并不能全面反映机构的绩效，因而出现了对绩效进行更精确评估的需求，例如，如何评估政府或机构的工作是否与其宗旨和工作目标一致，如何综合这些指标来全面反映工作的整体效果。

在此背景下，随机对照实验作为一种更客观的评估方法开始受到关注，也成为证据革命的第二次浪潮。虽然将随机对照实验用于评估政策和干预措施影响的方法有争议，但不可否认的是它为政府和公共机构提供了更科学的绩效评估方式。

（二）第二次证据革命：随机对照实验兴起及其影响评估的普及（约 2003 年）

影响评估是指对一个项目或干预措施的效果进行测量和分析，以确定它是否达到了预期的目标。简单来说，就是评估一个项目到底有没有带来实质性的积极改变。虽然随机对照实验自 20 世纪 30 年代以来在社会干预中时有使用，但从 21 世纪初开始，这种方法的应用在全球范围内显著增加。

1990 年墨西哥实施的"有条件现金转移支付"（Conditional Cash Transfer，CCT）项目就是通过随机对照实验评估社会政策的有效性。2003 年和 2005 年，贾米尔反贫困行动实验室（J-PAL）和创新减贫行动（IPA）两个支持随机对照实验发展的组织相继成立，这进一步推动了全球范围内采用随机对照实验方法开展影响评估的做法。2004 年，世界银行发布"发展影响评估项目"（DIME），将使用随机对照实验开展影响评估作为一项制度，并支持世界银行资助的项目采用随机对照实验进行影响评估。

此外，智库机构全球发展中心（Center for Global Development，CGD）（总部位于美国华盛顿）在发布的《我们什么时候会学习？》报告中批评了那些缺乏证据支持的项目已经投入了数十亿美元，这使更多的双边机构和慈善基金会在全球范围内支持随机对照实验的发展。例如，2008 年由全球发展中心发起的国际影响力评估倡议（International Initiative for Impact Evaluation，简称 3IE）致力于推动基于证据的发展援助和政策项目的影响评估，尤其是在发展中国家的项目和政策中要推动更广泛的评估，以帮助各国政府、非政府组织和国际机构更好地了解与评估政策的实际效果，从而优化资源配置，提高项目成效。这些倡导与实践带来了显著的效果。在教育领域每年发布约 2000 项随机对照实验

（Connolly et al., 2018），社会工作领域自 2010 年以来，每年也有约 2000 项随机对照实验发布（Thyer, 2015）。

不仅如此，影响评估的快速发展也表明，使用随机对照实验来评估项目的效果变得越来越重要。在教育领域，研究人员通过随机对照实验评估了 90 项干预措施，结果显示 90% 的措施效果不明显或没有明显的正面影响（Connolly et al., 2018）。类似地，美国劳工部对就业和培训项目的随机对照实验评估显示，75% 的项目没有带来显著的变化（Pfeffer & Sutton, 2006）。谷歌和微软科技公司进行的超过 13000 项关于新产品的随机对照实验显示，80% 以上的实验没有显著的成果（Pfeffer & Sutton, 2006）。欧盟委员会的清洁发展项目也表明，85% 的项目未能有效减少碳排放（Cames, 2016）。

当然，也有成功的例子。比如，20 世纪 90 年代中期墨西哥的"有条件现金转移支付"项目的评估就表明，该项目在教育、健康和贫困方面取得了重大进展，并赢得了广泛的政治支持。肯尼亚的驱虫项目评估就表明，驱虫对改善营养、健康和教育有积极影响（Miguel & Harthan, 2004）。但后续的系统评价发现，其他大多数驱虫项目并没有类似的效果（Taylor-Robinson et al., 2015；Welch et al., 2016）。这也说明，单靠个别研究或少量证据并不足以支持全面的政策决策。

总体来看，随机对照实验在帮助评估项目效果和避免资源浪费上发挥了重要作用。通过这些实验，我们可以清楚地知道哪些项目有效，哪些项目需要调整或放弃。

（三）第三次革命：系统评价证据的崛起（2008 年起）

系统评价能够综合多个研究结果，避免单一研究可能带来的偏差，可以为制定政策和干预措施提供更为全面、可靠的证据

（Taylor-Robinson et al.，2015）。将系统评价方法作为评估方法引发了证据革命的第三次浪潮。

在社会政策领域，2000 年之前总共仅有约 25 篇系统评价文献（Connolly et al.，2018）。到 2016 年，这一数字显著增长到每年 25 篇（Welch et al.，2016）。在 2008 年之前，国际发展领域几乎没有系统评价，但其数量一直稳步上升，到 2016 年，每年发表的系统评价文献达到 100 篇（Cames，2016）。教育领域的系统评价数量从 2000 年的几篇到 2018 年每年超过 200 篇（Connolly et al.，2018）。

2010 年成立的 Campbell 协作网（Campbell Collaboration）专门致力于推动系统评价的发展。2016 年，Campbell 协作网的首席执行官霍华德·怀特指出，Campbell 的战略目标是增加系统评价的数量和扩大系统评价的应用，确保更多领域能够从这种科学方法中获益（Li et al.，2023）。

（四）第四次革命：证据的制度化和智能化（2010 年至今）

将证据从仅仅作为干预与决策的辅助，提升到了项目、方案和政策制定过程中的一个核心支柱，这一变化标志着证据的制度化。在此过程中形成了两种主要模式——互动模式（北欧模式）和知识产品模式。

在互动模式（北欧模式）中，涉及研究者、决策者、实践者等证据的各类主体都深度参与到证据的产生、解读和应用过程中。各方不断交流信息、观点和意见，形成一个动态的互动网络。例如，在教育政策制定中，教育研究者提供理论和实证证据，政策制定者根据政策目标和方向对证据进行筛选与判断，学校等教育实践机构反馈实际应用中的问题和经验，三者之间不断沟通协调，共同推动政策的完善和实施。丹麦、挪威和瑞典等国家都设有由政府资助的知识中心，它们聚焦教育、卫生和社会福利领域，定期与政府讨论最新的系统评价证据，并为政策提供解读。这种模式因为能及时提供决策支持，适合需要快速证据反馈的团队。

"有效方法运动"等证据中心属于知识产品模式。这些证据中心的工作人员不专注于学术发表，而是将大量的证据进行系统的整理、分析和整合，形成一个完整的知识体系。这些知识产品通常具有明确的结构和逻辑，能够为使用者提供全面、深入的信息。例如，在科学研究领域，一些大型的科研项目会将相关领域的研究成果进行整合，形成研究报告、数据库等知识产品，为后续的研究提供参考。

不仅如此，随着人工智能、机器学习和大数据的崛起，人们也开始利用新技术高效收集、分析和运用海量数据使证据的生成更加智能化。例如，健康领域可以通过多源数据精准评估干预措施。健身追踪器和健康监测设备可以通过收集的个人健康数据高效、即时评估健康干预措施的成效。AI 与机器学习技术可以加速文献筛选和系统评价的自动化。目前 Cochrane Crowd 平台已开始使用 AI 实时更新证据。因此，人工智能、机器学习和大数据的应用为证据的生成与评估提供了前所未有的机会。这些技术使数据收集和分析更加高效精准，为干预措施和政策制定提供了强有力的支持，帮助应对当代复杂的社会问题，推动决策过程更加数据化和智能化。

第二节　循证社会工作的发展阶段

循证社会工作的历史发展经历了探索和认知阶段、专业发展和知识积累阶段以及应用和拓展阶段。

一 第一阶段：探索和认知（20世纪70年代至90年代）

20世纪70年代至90年代，学者和社会工作实践者逐渐意识到，仅依赖个人经验和传统的方法存在诸多局限性。这促使越来越多的人开始思考如何将科学证据和实证研究引入社会工作领域，循证社会工作开始萌芽和发展。

（一）理论反思

随着社会问题变得日益复杂，学者们逐渐意识到仅凭个人经验或主观判断无法有效应对社会工作领域面临的诸多挑战。同时，科学研究方法的重要性也日益被认可，这为社会工作提供了更加客观、系统的工具来帮助他们进行决策和干预。例如，通过分析服务对象的需求并结合科学证据，能够制定更加有效的干预策略（Gambrill，1999）。这些反思标志着社会工作逐步从经验主义向研究证据基础上的干预和决策转变，也为循证社会工作的起步铺平了道路。

（二）方法探索

随着循证社会工作理念的逐渐普及，学者们开始进一步探索如何将实证研究方法应用到社会工作实践中。这个时期，诸如系统评价、随机对照实验等研究工具被引入社会工作领域，为评估干预措施的效果提供了新的方法。其中，系统评价通过整合多个研究结果，帮助社会工作者更好地理解不同干预方法的普遍效果。而随机对照实验则可以帮助社会工作者明确某种特定干预措施是否有效。这些方法类工具的不断使用不仅提升了社会工作的科学性，也让社会工作者更清晰地理解不同干预策略的机制及其效果。

（三）实践指导

随着实证研究方法的深入发展，循证社会工作逐渐发展出一套明确的实践指导原则和步骤。这些原则和步骤指导社会工作者在实践工作中有效利用研究证据进行决策，并确保干预措施的可靠性和适用性。换言之，理论、方法的反思推进了社会工作的循证实践，也确保了社会工作能够根据最新研究成果不断优化和调整干预策略，从而提高了干预效果的科学性和精确度。

二　第二阶段：专业发展和知识积累（20世纪90年代至21世纪初）

20世纪90年代至21世纪初，循证社会工作日益聚焦于循证实践，循证成为社会工作教育和专业发展的重要组成部分。学术机构和社会工作专业组织在这一进程中发挥了关键性作用，具体而言体现在以下几个方面。

（一）循证社会工作的教育和专业发展

随着循证社会工作影响力的提高，越来越多的大学和研究机构将其作为社会工作教育的核心部分。在此阶段，学术研究与实践的融合更加紧密，研究者不仅仅停留在理论层面，还通过大量的实证研究和数据分析为循证社会工作提供强有力的支持。例如，许多社会工作课程开始强调实证研究方法，教授系统评价和随机对照实验，帮助未来的社会工作者在实践中应用科学证据进行决策（Gibbs，2002）。

（二）社会工作组织对循证社会工作的参与和推广

在国际和国家层面，社会工作专业组织积极推动循证社会工作的发展。这些组织不仅成立了专业委员会来推广循证理念，还

通过出版政策文件和研究报告为实践者提供如何有效使用证据的
科学指导。例如，国际社会工作者联合会（IFSW）通过发布政策
指南、举办研讨会等方式，助推循证社会工作从理论转化为实际
操作，提升循证理念在全球范围内的影响力。这些支持措施确保
了循证社会工作理念不仅被广泛关注，还被广泛应用于社会工作
者的日常实践。

（三）循证知识的积累

这一阶段也是循证社会工作知识积累的重要时期。学者们通
过开展大量实证研究和系统评价，积累了大量关于社会工作干预
措施效果的研究成果。文献综述、案例研究以及各种研究都为社
会工作者提供了科学的实践依据，协助他们更好地将循证理念融
入日常工作中。例如，学者们发表了大量关于干预措施有效性的
研究成果，为社会工作者提供了清晰、基于证据的实践指南
（Gibbs，2002）。循证社会工作知识的积累使循证社会工作得以持
续发展，并推动了整个社会工作领域的科学化与专业化进程。

三　第三阶段：应用和拓展（2000 年至今）

循证社会工作在 2000 年之后又有了进一步的发展。该阶段的
循证社会工作已从学术领域走向了更广泛的应用场景，覆盖了多
个社会工作领域，但也面临着新的挑战。

（一）循证社会工作的广泛应用

这一时期，循证社会工作已广泛应用于儿童保护、心理健
康、家庭暴力、社区干预等多个社会工作领域，涵盖了社会工作
者日常所面临的各种复杂问题。例如，儿童保护领域的社会工作
者会利用大量的实证数据来分析不同的干预方法对儿童福祉的影
响。通过数据的对比分析，识别出哪些干预措施在特定情况下最

为有效，并据此制定最佳策略。

（二）循证研究能力增强

在这一阶段，社会工作者的实证研究能力显著增强。许多社会工作者具备了设计研究方案、收集和分析数据并评估干预效果的能力。这种能力的提升帮助他们在应对复杂的社会问题时做出更加精准的决策。例如，在心理健康领域，社会工作者将量化研究和个案研究相结合，评估不同干预措施的效果，并依据具体的情境及时调整干预方案以满足服务对象的不同需求。

（三）科学性与实用性的提升

在这一阶段，循证社会工作发展的科学性和实用性达到了一个新的高度。循证实践帮助社会工作者在处理家庭暴力、心理健康和儿童保护等复杂问题时，更有意识地依据科学证据选择干预措施。例如，在社区干预领域，社会工作者不再仅依赖过去的经验和直觉来设计社区项目，而是通过实证数据分析，制定更有针对性的干预措施。如某社区内的青少年犯罪问题比较严重，循证社会工作者会首先分析犯罪率上升的背后原因，并结合已有研究结果，提出有效的预防方案。有研究表明，增加青少年的课后活动或提供职业培训能够有效减少青少年的犯罪行为。社会工作者会据此调整社区服务的干预方案，更加因应青少年发展的具体需求。又如，在老年人照顾实践中，社会工作者在制订老年人失智症（如阿尔茨海默病）的干预方案时，通过分析大量研究，发现认知训练与社交活动相结合的干预效果优于单一的医疗照顾。因此，所制订的基于证据的干预方案中不仅包括医疗照顾，还增加了日常社交和认知训练，帮助老年人保持身心健康。这种多元化的干预措施大幅提升了服务质量，也更符合老年人群体的实际需求。

尽管循证社会工作在应对多样化的需求和复杂问题时更加科学与专业，但是仍然面临一些挑战。特别是在面对文化差异、个案特殊需求等具体情况时，如何灵活应用循证方法仍然是一个需要智慧选择的问题。例如，不同文化背景下的服务对象可能对某些干预方法有不同的反应，社会工作者就必须考虑到这些差异化的因素，避免一刀切的解决方案。这也意味着循证社会工作必须更加注重灵活性和情境性，在科学方法的基础上，兼顾个体化、文化和情境差异。总之，虽然循证社会工作已经取得了显著进展，但它仍需不断发展和完善，以更好地应对全球化背景下日益多样化的社会需求，通过继续积累证据，增强灵活应对的能力。

第三节 循证社会工作的发展对中国本土实践的启示

一 循证实践的孕育和发展基于特定的政策、制度和文化背景

（一）欧美循证实践依托实证研究和特定的政策、制度

首先，欧美国家循证实践的显著特点之一是它们拥有完善的统计数据库和信息系统，可以为循证研究提供大量可靠的数据支持。例如，在医疗领域，美国的"医疗保险和医疗补助服务中心"（CMS）通过收集全国范围内的医疗数据，为研究人员奠定分析干预效果的基础（Mues et al.，2017）。其次，欧美国家的相关政策执行机制较为成熟，政府能够通过立法和财政支持推动循证实践的实施。例如，英国的"社会关怀研究中心"（SCIE）专门负责将循证研究成果转化为社会服务领域的实际政策和干预措施。英国政府曾针对儿童早期教育推出了一项名为"良好开端"（Sure Start）的项目（Belsky et al.，2008）。这一项目的目标是通

过为贫困家庭的儿童提供早期教育和健康服务，改善他们的成长环境。项目实施前，研究人员通过统计数据分析了贫困家庭儿童的主要需求，并设计了有针对性的干预措施。在项目实施过程中，政府通过定期收集数据和评估干预效果，不断优化服务内容。最终，这一项目显著提高了贫困家庭儿童的语言能力和社会适应能力，成为循证实践的成功典范。此外，欧美国家的社会福利体系较为完善，这也为循证实践的推广奠定了良好的基础。因此，我们在借鉴欧美的循证经验时，只有结合自身的特点，进行适应性调整，才能真正发挥循证实践的作用。如果直接将这些模式照搬到中国，很可能会出现"水土不服"的问题。例如，在西方，循证社会工作非常强调通过大规模随机对照实验和量化评估来验证干预效果。然而，中国的社会工作实践更多依赖于社区参与和地方政府的基层治理，如果直接套用西方的随机对照实验模式，可能会在实际操作中遇到诸如指标不匹配、数据缺失等问题。总之，在具体情境中开展循证社会工作，不能简单照搬证据，而是要因地制宜地进行本土化处理。只有这样，才能让循证实践在中国的社会工作领域真正发挥出最大的效用。

（二）文化背景和价值观存在中西差异

文化背景和价值观的差异决定了西方成熟的循证社会工作经验在引入中国时也可能会遇到阻滞。西方国家通常强调个体主义和竞争精神，这种价值观使他们的循证社会工作实践更注重独立评估、数据驱动和标准化的管理模式（DelVecchio and Hannah，2015）。然而，中国文化更倾向于集体利益、和谐共生和权威导向，这意味着在实施循证干预时，必须同时考虑邻里关系、亲属网络、社区文化和传统观念的多重影响。举例来说，如果在中国某地推广在欧美国家非常成功的一项儿童保护干预项目，如果这套方案主要通过标准化的评估工具和干预流程来帮助高风险家庭，那么在中国实施时可能遇到问题。例如，当地居民对干预方案的信任度不高，家长和社区成员更倾向于通过熟人或人情网络来解决问题，而不是依赖"外来"的专业服务。此外，干预方案中对家庭隐私的严格要求也可能与当地文化中"家丑不可外扬"的观念产生冲突，从而导致许多家庭不愿意配合。这些文化差异可能导致干预措施的效果大打折扣。实际上，中国社会工作实践中相对更重视通过与社区居民建立信任关系，邀请社区中的意见领袖（如村干部或德高望重的长者）参与干预方案的设计和推广柔性管理方式。总之，文化背景和价值观的差异不仅体现为西方和中国在循证理念和实践方式上的差异，也提醒中国的社会工作者在引入国际经验时，必须充分考虑中国的社会文化环境，并进行适应性调整。只有将循证模式与本土文化相结合，才能让这些经验真正"落地生根"，发挥出最大的效用。这也要求社会工作者在实践中具备文化敏感性，能够灵活调整干预方案，以更好地满足服务对象的实际需求。

二 循证社会工作的本土实践

（一）循证社会工作的本土实践需要以数据为支撑，构建符合本土文化和政策现实的评估体系

循证社会工作实践中常用的量化指标体系在实际应用中可能会遇到一些问题，比如数据采集难度大以及文化适应性不足等。这些问题如果处理不好，可能会影响干预措施的效果评估和改进。以心理健康支持为例，许多循证社会工作项目会使用标准化量表（如 PHQ-9 或 GAD-7）来评估抑郁或焦虑程度。这些量表在西方文化背景下开发，强调通过直接询问情绪状态（如"你是

否感到悲伤或绝望"）来评估心理健康。然而，在中国文化中，许多人更倾向于通过躯体症状（如头痛、疲劳、胃痛）来表达心理压力，而不是直接描述自己的情绪状态。因此，直接使用这些量表可能无法准确捕捉到服务对象的真实心理状况。此外，由于心理健康话题在中国仍然存在一定的文化禁忌或羞耻感，许多人在填写量表时可能会隐瞒或淡化自己的问题，导致数据的准确性受到影响。

　　另一个例子是在社区服务的效果评估中，传统的循证量化指标通常依赖于服务利用率、满意度评分和转介数据等。然而，在中国许多重视关系网络和情感联结的社区，这些量化指标可能无法全面反映服务的实际效果。例如，一个社区服务项目可能通过组织邻里活动增强居民之间的关系，但这种"关系改善"很难通过简单的满意度评分来体现。如果仅依赖量化数据，可能会低估项目的实际影响。为了应对这些问题，一些研究建议在设计评估体系时，采用联合定量与定性的方法（Pilcher and Cortazzi, 2024）。这种方法既参考国际标准化指标，又融入了本土化的评价维度。例如，在心理健康支持项目中，可以在使用标准化量表的同时，增加开放式问题或访谈，了解服务对象的具体感受和文化背景对其心理状态的影响。在社区服务项目中，可以通过民意调查、焦点小组讨论以及第三方数据对比分析，收集更多定性数据，反映社区参与度、社会环境和文化认同感等关键因素。

　　总之，在设计循证社会工作本土实践中的评估体系时要充分考虑文化背景和政策现实。单纯依赖量化指标可能会忽视文化语境中的重要特征，而单纯依赖定性数据又可能缺乏科学性。因此，定量与定性方法的结合，既能保证评估的科学性，又能反映本土文化的独特需求，是构建有效评估体系的重要方向。通过这种方式，循证社会工作才能更好地服务于中国的社会实际，真正实现科学性与适应性的结合。

（二）循证社会工作的本土实践需要科学性与适应性的结合

政策、制度和文化背景是影响社会工作实践成效的重要因素。这一因素决定了循证社会工作的国际经验在引入我国时，不能简单照搬，而是需要经过"解构—重构"的过程。换句话说，我们需要对国际经验进行拆解，理解其核心逻辑，然后结合我国的实际情况重新构建合适的实践模式。

举个例子，某地政府部门希望在老年人服务方面引入一种国际先进的循证方案。这种干预方法强调通过标准化的数据采集和市场化竞争机制来优化服务资源配置。然而，在实际调研中，社会工作者发现，当地老年人的照顾主要依赖家庭和社区互助，而非完全依靠市场化运作。如果直接引入这一市场化的干预模式，很可能会因与当地文化和实际需求不符而失败。社会工作者通过深入调查和分析当地老年政策档案发现了两个关键点。一是社区互助传统，即当地长期以来形成的社区治理强调群体内部的互助与集体责任。邻里之间会主动帮助独居老人，社区内也有志愿者团队定期探访老年人。二是跨部门合作经验，即当地有社区与医疗机构、政府部门联合开展健康筛查活动且效果显著的例子。基于这些发现，当地政府和社会工作者对国际循证模式进行了本土化调整。第一，重新设计了老年服务的评估指标。在保留国际循证模式中常用的个体化健康数据（如生活质量评分、慢性病管理情况）的同时，加入了衡量社区内部相互支持、家庭参与度和集体认同等定性指标。第二，建立跨部门合作机制，邀请地方政府、社区服务中心、学术机构和民间组织共同参与方案的设计和实施。例如，社区服务中心负责组织志愿者，医疗机构提供健康检查，政府部门协调资源分配，学术机构则负责评估干预效果。这一调整不仅让方案保留了国际先进标准的科学性，也尊重并整合了本土的文化智慧和实践经验。项目在实施中既得到了老年人和社区的广泛认可，也优化了服务资源配置和增强了社区的凝聚力。这个案例说明，在引入国际经验时，必须充分了解并尊重特定的政策、制度和文化背景。在拆解国际经验的基础上，提取其核心理念（如数据驱动、科学评估等），然后结合本土实际进行调整和创新。如分析国际模式的核心要素（如标准化数据采集、市场化机制），结合本地文化和实践，设计更适合的方案（如加入社区互助指标、建立跨部门合作机制）。

循证社会工作的目标是通过科学的干预方法解决社会问题，但科学性必须与文化适应性相结合，才能真正发挥作用。只有在充分理解政策、制度和文化背景的基础上，将国际先进经验与本土实际相结合，才能设计出既科学又贴合实际的社会工作干预模式。这种"解构—重构"的方法，不仅适用于老年人服务，也可以推广到其他领域，如儿童保护、心理健康支持和社区发展等。通过这一过程，循证社会工作才能更好地满足本地需求，形成可持续的实践模式。

（三）本土实践中的证据迭代

在构建符合本地情况和具体情境的循证社会工作模式时，需要通过证据转化，结合本土实践不断形成证据迭代的良性循环。科学研究验证的证据不仅为具体情境中的干预方案确定提供了依据，也为干预方案的优化提供了方向。

假如，在某地区政府计划开展老年人健康促进项目中，项目组借鉴了国际上经过严格随机对照实验验证的"积极老龄化计划"（Active Aging Program）。该计划在欧美多个国家被证实能够显著改善老年人的身体健康、心理健康状况，可以提升老年人的社会参与水平。该国际方案的主要内容包括以下方面。

（1）系统性健康评估。对老年人的身体功能、认知能力、心理健康、社交网络等方面进行全面评估。这些评估和监测均基于经验证的指标体系，确保数据的准确性和可靠性。

（2）个性化干预措施。依据评估结果，为每位老年人设计个性化的健康促进方案。干预措施包括定期健康讲座、专业体适能训练、认知训练课程和社交互动活动。

（3）多层次活动设计。干预活动分为基础健康维护、社交网络拓展和心理支持三大模块，在不同阶段均有明确的目标和评估标准，确保干预措施能够覆盖老年人多方面的需求。

当地的社会工作者通过结合社区实际情况对原有方案进行了证据转化和适应性修订，主要包括如下方面。

（1）丰富评估指标与数据监测方式

调整前：方案主要依赖标准化问卷数据和健康监测指标。

调整：社会工作者发现当地老年人的需求不仅包括身体和心理健康，还涉及家庭支持与社区融入。因此，在传统健康数据基础上，增加了关于社区参与度、家庭互动频率、邻里互助等指标。

原因：当地社区有较好的邻里关系，这些因素对于老年人的整体福祉同样起到关键作用。

（2）融入当地特点的干预措施

调整前：国际方案强调标准化的健康讲座、体能训练和心理支持小组。

调整：在证据转化过程中，社会工作者结合已有研究发现认为，传统节日、集体活动和家庭聚会对提高老年人幸福感具有显著正向作用，特别在干预方案中设计了传统节日庆祝、社区集体团餐、传统手工艺课程和邻里互助项目。

原因：强调文化认同和社会归属感能够进一步增强老年人的参与感和提升心理健康水平，符合本地实际需求。

（3）技术支持与数据反馈机制的优化

调整前：国际方案的数据反馈主要依靠周期性的问卷调查和健康监测。

调整：引入了大数据平台与传统调查工具，对活动参与、健康状况和社交网络变化进行实时监测，并在数据分析中增加了定性访谈和开放性问题，以捕捉更全面的老年人主观体验。

原因：数据反馈更为全面与实时，能够根据最新数据对干预方案进行及时调整，确保科学性与实效性。

这个案例反映了本土实践的证据转化与迭代。社会工作者在科学研究验证的有效证据基础上进行证据转化，再结合本土社区特点，构建出一套不断完善的干预方案。通过这种动态循环机制，社会工作者不仅能确保干预措施的科学性和有效性，还能依据实际需求不断迭代优化，从而更好地应对复杂的社会问题，增进全社会的健康福祉。

第三章　循证社会工作的核心要素

循证社会工作的核心要素包括循证决策、循证实践和循证研究。这三个核心要素是循证社会工作的基础，分别从不同角度保障循证社会工作的科学性、实用性和个性化的干预。

第一节　循证决策

一　循证决策的概念和核心要素

循证决策是指社会工作者在制定干预策略时，基于科学证据、专业知识和服务对象需求来进行决策，确保每个决策都有据可依，以确保提供的决策是高效和适应个体化情况的社会服务。

循证决策的核心要素体现在以下几个方面。

（一）基于科学证据

循证决策的核心之一是依赖经过验证的科学证据。社会工作者可以通过检索、查阅和评估与服务对象问题相关的最新研究，了解不同干预措施的效果。科学证据通常包括采用随机对照实验、系统评价、元分析等研究方法获得的研究成果，因为这些方法能够为不同的干预方案提供强有力的证据支持。例如，在应对家庭暴力问题时，循证决策就需要社会工作者查阅当前的研究，了解哪种干预方法（心理治疗、法律支持或庇护所安排等）最有效。然后，基于这些被验证过的证据为家庭暴力的受害者制订最适宜的干预计划，确保服务效果的最大化。

（二）结合社会工作的专业知识和经验

尽管科学证据至关重要，但循证决策并不是完全依赖证据。社会工作者的专业知识和丰富的一线干预经验同样发挥着重要作用。在实际操作中，社会工作者需要结合自己对决策对象的长期观察、实践经验和对特定问题的理解，做出适当的决策。例如，一名资深社会工作者在处理儿童保护的个案管理时，可能会依靠多年的工作经验，结合研究成果，评估儿童成长发展存在的安全风险，制订既有科学依据又切合实际的方案。这种结合科学证据和临床经验的方式，确保了决策既科学又灵活。

（三）服务对象的参与和需求

循证决策的另一个关键要素是决策对象的参与和需求。每个决策对象都有自己独特的背景、文化、价值观和需求，社会工作者在做决策时必须考虑这些因素。社会工作者可以通过与决策对象的深入了解和沟通来确保所制定的干预策略不仅科学有效，还符合服务对象的个性化需求。例如，在做心理健康问题干预的决策时，某些决策对象更倾向于非药物干预（如正念疗法或认知行为疗法），而不是传统的药物干预。社会工作者在做决策时，就应尊重决策对象的选择，结合科学研究和自己的专业经验，提供符合其意愿的干预方案。这种互动与参与，不仅能提高决策对象对干预措施的接受程度，还能增强决策的效果。

（四）证据驱动与反馈机制

循证决策不仅是一次性的过程，它还包括持续的反馈和调整机制。社会工作者在实施决策方案后，会不断监测决策对象的反应和效果，并根据反馈数据及时调整策略。这一动态决策过程是确保决策方案始终适应服务对象变化的需求，并在实践中不断优化的关键保障。例如，在处理青少年行为问题时，社会工作者最初设计一个包括家庭干预和学校辅导的方案，但随着决策方案的实施，社会工作者可能发现对问题青少年实施的学校辅导措施效果不佳。这时，社会工作者就需要基于这样的效果反馈，重新调整决策方案，增加社区活动或社交支持的内容，以更好地满足青少年的需求。

（五）文化敏感性与多样性的考量

不同的文化和社会背景会影响服务对象对干预措施的接受程度。因此，社会工作者在做决策时，不仅需要依赖研究证据，还应具备文化敏感性，了解不同群体独特需求以及选择适宜的干预措施。例如，在为少数民族群体制订决策方案时，社会工作者需要了解该群体的文化规范和传统习俗，并在做决策时加以尊重和融合，以确保干预措施的有效性，同时避免文化冲突或误解。

（六）透明与问责

社会工作者需要向决策对象、组织和社会公众解释其决策依据。这意味着，社会工作者不仅要清晰地阐述其决策基于哪些科学证据，还要解释为何选择这些干预措施，而非其他干预方法或方案。这种透明性增强了决策的可信度，也为社会工作者的专业行为提供了保障。

综上可知，循证决策侧重于具体干预策略的制定与执行，是实现循证社会工作目标的重要方式，是循证社会工作框架下的一个具体操作过程。这一过程重视科学证据、专业知识与服务对象的需求三要素，这三个要素是确保决策和实践的科学性、个性化和持续优化的基础。

二　循证决策的发展

在西方发达国家的政府决策和智库研究中，循证决策的理念、思想和方法一直以来都备受重视。1999 年，英国的布莱尔政府就公布了《政府现代化白皮书》（*Modernizing Government White Paper*），其中提到"本届政府要更好地利用证据和研究方法来制定政策，更多地专注于能产生长期影响的政策"。以此为起点，之后的澳大利亚陆克文政府、美国奥巴马政府、特朗普政府也在国家治理层面高度重视循证决策。2007 年澳大利亚开始大力推行循证决策，时任澳大利亚总理的陆克文就指出："循证决策是改革政府的核心。"（马小亮、樊春良，2015；周志忍、李乐，2013）

2009 年，以安迪·奥克斯曼（Andy Oxman）、西蒙·勒温（Simon Lewin）和约翰·拉维斯（John Lavis）等为代表的循证政策专家们推出该领域里程碑式的循证卫生决策支持工具（Support Tools for Evidence-informed Health Policymaking, STP），他们发表的 18 篇系列论文为推动循证决策发展奠定了坚实的方法论基础和提供了研究框架（Oxman et al., 2009）。

2016 年 3 月 18 日，美国第 114 届国会通过并决定成立"循证决策委员会"法案［H.R. 1831（114th），Evidence-based Policymaking Commission Act of 2016］。该法案确保每年联邦政府在为社会服务提供超过 1.6 万亿美元资金的资助时必须基于证据，同时必须评估联邦计划和税收支出的有效性。同一年，美国布鲁金斯学会、美国城市研究所等机构联合成立的"循证决策协作网"（Evidence-based Policymaking Collaborative）成为美国第一家由智库机构合作建立的循证决策研究机构。

不仅如此，循证决策与实践的推广也推动了循证理念和研究的不断深化。2017 年 12 月 21 日，国际顶级期刊 *The New England Journal of Medicine* 发表的《循证健康政策》（Evidence-based Health Policy）一文，更是明确指出，循证决策是做出理性政策选择的先决条件（Baicker & Chandra，2017）。随着全球治理的发展，循证决策的思想逐渐被日本、新西兰、加拿大等国家的研究者与实践者关注和接受。

在经过奥巴马政府和特朗普政府连续两届政府自上而下的推动后，美国政府在社会治理、公共项目管理领域实现了从"基于评估"到"基于证据"的演变，初步形成了以"项目评估—证据和项目评估相结合—证据和管理数据相结合—构建证据生产和使用能力"为路径，证据生产能力和证据使用能力并重的循证决策框架。

这里的"项目评估"是指在项目执行后，通过评估其效果来判断项目是否成功。项目评估是对已经实施的项目进行效果测量，帮助了解资源使用情况以及项目是否达到了预期目标。然而，这种方法往往具有滞后性，因为评估是事后进行的，无法在项目进行过程中及时做出调整。例如，在减少社区犯罪率的项目中，政府会在项目结束后对犯罪率数据进行分析，判断该项目是否达到了预期效果。这种做法虽然能够提供一定的信息，但往往不能为项目的实时调整提供依据。

这里的"证据和项目评估相结合"是指政府将项目评估和证据结合起来，转向依赖更高质量的实证数据。政府不仅关注项目实施后的评估结果，还通过事前的研究和中间过程中的数据收集来指导项目设计与执行。这种方法使政府在项目开始时就能借鉴其他类似项目的经验，以提高项目设计的科学性。例如，在公共健康领域的干预决策中，政府会在项目启动前参考之前的流行病学研究，结合健康干预的有效性数据，设计如疫苗推广等更具针对性的公共健康项目预防与干预项目。然后在项目实施过程中，政府持续跟踪并进行中期评估，以便根据新数据及时调整项目策略。

这里的"证据和管理数据相结合"是指将证据和管理数据结合在一起，形成更为全面和动态的循证决策流程。管理数据包括实时的项目执行情况、资源使用情况、干预对象对项目的反馈等。政府通过收集管理数据，并与相关研究证据结合，更精确地监控整个项目的进展，并在发现问题时迅速做出调整。例如，在教育领域，一个提高学校教育质量的干预项目会结合课堂表现的实时数据与相关的教育质量干预证据。通过分析学生考试成绩和教师评价等实时数据，判断项目进展是否符合预期，并随时根据最新数据调整教学策略。

这里的"构建证据生产和使用能力"是指着重发展证据生产能力和证据使用能力并重的模式，即不仅注重项目本身的评估和管理数据的结合，还强调基于这个项目建设更强的生产新证据的能力，同时推动各级政府部门在政策和项目管理中广泛应用证据。这意味着政府不仅依赖现有研究，还要建立证据生产机制，持续产生和更新与公共服务项目相关的证据。例如，美国政府就成立了"证据采集办公室"（Evidence Collection Office），定期收集和分析与公共政策相关的新数据。这一机制可以确保政策制定者能够及时获取最前沿的研究成果，并在此基础上做出决策。如在劳动力市场项目中，政府可以持续收集就业率、薪资水平等管理数据，同时与就业促进措施的有效性研究相结合，以优化劳动力市场政策。由此可见，通过从"基于评估"到"基于证据"的转变，美国政府形成了一个循证决策的框架。这一框架的关键在于三个方面。第一，从单纯的事后项目评估，转向结合研究证据指导项目决策和规划；第二，通过实时管理数据和研究证据的结合，动态调整项目进展；第三，强调证据生产能力和使用能力的同步提升，确保政策和项目能够根据最新的研究成果进行优化。

三　循证决策示例

假设某政府部门需要决定在城市的某一区域选址建设一个新的公园，希望通过循证方法来做出最佳决策。通常会采取以下步骤。

（一）步骤一：收集和评估证据

1. 收集现有的研究证据

政府部门首先会收集与城市公园建设相关的研究证据。这些证据可以来自其他城市的成功案例或学术研究，可以帮助政府部门了解城市公园建设带来的影响和效果。这些成功案例和学术研究涉及以下一些问题。公园的绿化面积、设计布局和设施配置是如何影响居民的身心健康的？什么样的公园功能（如儿童游乐场、运动设施、步道等）最受欢迎？公园建设如何影响周围房价和商业发展？公园在提高空气质量方面的作用如何？假如一项研究显示，绿地面积较大的公园有助于降低周边区域的犯罪率，提高居民的安全感；而体育设施完善的公园则能鼓励居民更多地参与锻炼，提升社区居民总体的健康水平。那么，这个政府部门就会在公园建设决策中优先考虑绿化和体育设施的规划。

2. 分析选址公园周围的社区数据

政府部门需要结合公园附近的社区数据，了解该区域居民的实际需求。这些数据可以包括人口分布、居民年龄结构、健康状况、交通流量、现有的公共空间和绿地覆盖率等。例如，如果数据表明，该区域内青少年人口较多，那么需要考虑增加运动场地、篮球场等适合青少年的娱乐设施。如果数据表明，该区域内老年人比例较高，则会优先考虑为老年人提供安静、休闲的步道、凉亭等设施。如果数据表明，该区域空气质量较差，政府会优先考虑绿化和植物配置，以提高空气质量。

3. 服务对象参与和需求调查

除了分析已有的研究和选址公园附近的社区数据之外，社区居民的需求也是循证决策的重要组成部分。政府部门可以通过问卷调查、公众会议或焦点小组等方式，了解居民的需求和愿望。例如，一些区域的年轻居民较多。他们更希望公园里有儿童游乐设施，或者有安全、宽敞的户外活动空间。另一些区域，政府通过调查发现，很多居民抱怨，他们所居住的区域没有跑步道和自行车道。因此，公园设计中可能会增加这些设施，以满足居民对户外运动的需求。调查还发现，一些居民对噪声问题的担忧，可能会影响到政府对公园娱乐设施（如音乐喷泉或露天舞台）的规划。

（二）步骤二：证据综合分析

1. 透明和明确的决策过程

政府部门在决策过程中保持透明和明确，设立专门的工作组，包括政府官员、专家和利益相关方，共同参与决策过程。在决策过程中，政府部门设置明确的目标和标准，并公开决策的依据和推理过程。通过透明和明确的决策过程，确保决策的可追溯性和可信度。

2. 利益相关方的参与

政府部门与多方利益相关方进行合作和沟通，邀请居民、环保组织、社区组织等参与公园选址和规划的讨论与决策过程，听取不同利益相关方的意见和建议，并将其纳入决策的考虑范围。通过多方参与减少主观偏见和个人偏好的影响，提高决策的科学性和社会可接受性。

3. 成本效益分析

政府部门对收集到的证据进行综合分析和评估，将不同研究和数据整合在一起，比较不同公园选址的优劣，并考虑各种因素，如地理位置、现有设施、交通便利等。通过分析，识别出不同选址方案的优劣势，以及影响公园建设和使用的关键因素。此外，还需要通过成本效益分析来评估项目的可行性，包括公园的建设成本、维护成本以及未来的预期收益（如公共健康状况改善、房价、旅游收入等）。例如，如果建造一个大型运动场地的成本过高，政府可能会根据成本效益分析的结果，考虑缩小规模或采用更加经济的材料，但仍然保持运动场的功能。如果分析发现，通过聚焦提高社区居民的生活质量、公园能够带来长远的经济效益（如吸引游客或提高房价），政府则可投入更多资源建设公园。

（三）步骤三：周期性评估和更新

1. 实施和监测

要确保决策项目的长期影响，持续监控和反馈机制是循证决策的关键环节。政府部门决策后要确定一个周期性评估和更新决策的制度或机制，密切监测公园的建设和使用情况，并通过收集公园建设者和使用者的反馈信息与数据来评估公园建设带来的效果。如果发现需要改善或调整的地方，要及时根据新的证据和信息修订决策方案。例如，在公园建成后，政府可以通过居民反馈、使用情况统计以及社区满意度调查，评估公园设施的使用效果。如果数据表明，某些设施如跑步道非常受欢迎，而其他设施如露天舞台的使用率较低，政府可以考虑在后期项目中进行调整，例如，增设更多跑步道或减少不必要的设施。

2. 调整与改进

政府可以通过监测和反馈随时调整公园的设施或运营方式，确保其满足社区的需求并带来效益的最大化，并将这些反馈作为未来决策的证据支持，帮助政府在类似项目中做出更为优化的决策。例如，根据相关证据反馈，政府发现居民对某些公园公共设施的需求增加，其中儿童游乐区的使用频率远超预期，造成了设施使用过程中的拥挤。政府根据这些反馈，在公园内扩建游乐区，或在其他社区建设类似的设施。

四　循证决策中的难点

（一）循证决策中的权衡与优先排序

在循证决策中，社会工作者往往面临资源有限和需求多样化的挑战，因此循证决策需要进行权衡与优先排序。社会工作者需要根据证据的强度和服务对象的实际需求，决定哪些干预措施应该优先实施。这种权衡过程不仅需要基于现有的科学证据，还需要考虑资源的可获得性、干预成本及其预期收益。例如，在面临多重服务需求的家庭时，社会工作者可能需要根据不同问题的紧迫性做出优先决策。对于有严重安全隐患的家庭，工作者可能会优先关注儿童的保护措施，而在其他较为次要的问题上则可以暂时搁置或采用次要的干预手段。这种权衡使社会工作者能够在有限资源下做出最有影响力的决策。

（二）对于证据不足的应对

循证决策的挑战之一在于社会工作者经常要在证据不足、研究尚未得出一致结论的情况下做出决策。在这种情境下，社会工作者需要灵活运用已有的证据，同时结合他们的专业判断，最大限度地降低不确定性带来的风险。例如，如果某一新的干预措施还未被研究验证或没有被充分研究，社会工作者可以通过试点项目的形式在小范围内测试其效果，并在此基础上逐步扩展应用。这种渐进式的决策方式能够让工作者在面对证据不足时，尽可能地保持灵活性与谨慎性。

（三）道德和伦理在循证决策中的作用

循证决策不仅仅是基于证据和数据信息的选择，还必须考虑到社会工作中的伦理和道德因素，决策者需要确保他们的决策是尊重服务对象的权利、价值观和尊严的决策。特别是为弱势群体提供服务时，社会工作者需要保证决策不会对服务对象产生任何形式的负面影响，符合社会工作的核心价值观。例如，当干预涉及未成年人的隐私，社会工作者需要决定是否公开敏感信息时，就需要在法律要求、公共安全与个体权利之间做出伦理上最合适的选择，确保干预既符合科学证据，又能保护决策对象的基本权益。

（四）技术与循证决策的结合

随着科技的发展，技术在循证决策中的作用越来越明显。社会工作者可以通过数据分析软件、AI算法和大数据平台，快速筛选和分析大量的研究证据，从而做出更为精准的决策。这些技术工具的应用大大加速了循证决策的过程，并提高了决策的效率和准确性。例如，某些社会工作平台已经使用机器学习技术来帮助筛选最佳干预方案。这种技术不仅可以快速分析过往案例和研究，还能够根据个体的特定需求和具体情况，提供量身定制的个性化决策方案，使循证决策变得更加个性化和高效。

（五）循证决策影响政策的制定

社会工作者通过循证决策积累的经验和数据可以为政策制定提供具体的实证依据，推动更有效、更公正的社会政策，例如，在应对贫困或无家可归的问题时，政府会依赖循证研究的结果，制定有针对性的政策，以确保社会资源能够更合理地分配到最有需要的群体。因此，社会工作者在一线工作中的循证决策，不仅决定着决策对象的生活福祉，还决定着政策的有效性和实践性。因此，越来越多的政策制定者开始重视循证决策，依赖科学研究结果来推动政策的形成与改革。

第二节 循证实践

一 循证实践的概念

循证实践是指在一线的社会工作服务中，社会工作者基于科学研究和临床经验，将最佳可行的证据与服务对象的实际问题相结合，以提供最优质的服务。循证实践的目的是将研究的证据引入临床实际操作中，以改善专业实践的质量和结果，强调将研究中的证据与社会工作者的专业知识和实际情境相结合，为服务对象提供最好的实践方法。

循证决策和循证实践有相似的内涵。循证决策和循证实践都强调基于可靠的证据，综合分析和评估，使之透明和明确的过程，以及多方参与，都致力于提高决策和实践的科学性、可靠性和有效性。但二者在概念上存在一些差异。

（1）范畴不同。循证决策更侧重于决策过程和决策者的行为，而循证实践更广泛，包括决策、行动和干预措施在内的实践过程。

（2）侧重点不同。循证决策强调决策的可靠性和科学性，聚焦为决策提供有效的指导。而循证实践强调实践的有效性和理论基础，注重将科学证据应用于实践中。

（3）决策过程不同。循证决策注重决策的透明性和明确性，强调依据证据做出明确的决策。而循证实践更广泛地涵盖了实践过程的透明性和明确性，包括规定实践目标、标准和程序，并公开实践依据和推理过程。

二　循证实践的发展

罗宾·米尔顿（Robin Milton）等众多循证实践的倡导者一直以来都持续向学术界、服务机构和政府传达一个理念，即"如果没有人真正使用证据，那么制作和转化证据将一文不值"。正因此，20 世纪末加拿大学者戈尔丹·盖耶特（Gordan Guyyat）领导的研究团队提出"循证医学"（Evidence-based Medicine）的概念以来，国际上陆续出现了生产、管理证据的相关组织，为循证实践的传播和发展提供了技术支持。

1993 年在英国成立的 Cochrane 协作网是国际公认的、生产高质量系统评价证据的独立、非营利性的国际组织，其依靠严谨的研究设计、系统的方法学创新、规范化的培训和预注册管理、定期更新和全程质量监控，集全球参与者之力为循证实践生产、保存和传播高质量证据。2000 年成立的 Campbell 协作网是聚焦社会科学领域的研究与实践，生产、保存、传播和应用高质量系统评价证据的国际性学术组织。目前 Campbell 协作网系统评价内容已涵盖教育、司法犯罪、国际发展、社会福利、知识转化、食品安全、商业管理等多个领域，为社会工作的实践提供了重要证据支持，也为社会科学领域实践的科学化奠定了证据基础。2009 年，世界卫生组织（World Health Organization，WHO）与 Cochrane 协作网正式宣布开展战略合作，制定了包括 11 个合作原则、2 个宗旨、5 个任务、6 个行动计划在内的战略合作框架，旨在加强 Cochrane 协作网与世界卫生组织的深度合作，更好地促进证据全球化，让更高级别的证据为全球健康提供更好的服务。

2020 年全球新冠疫情发生后，国际证据援助联盟（International Evidence Assistance Alliance）作为循证研究的组织与中国、英国、美国、瑞典及加拿大等 8 个国家的证据综合和卫生科学专家共同打造了"COVID-19 交互式证据地图"，持续推出全球抗击新冠疫情的最新证据，为抗击全球范围内的新冠疫情贡献了循证力量。2021 年全球证据委员会（Global Evidence Commission）起草的《证据委员会报告——为决策者、证据中介和以影响力为导向的证据生产者敲响警钟并指明前进道路》（*The Evidence Commission Report：A Wake-up Call and Path Forward for Decision-makers，Evidence Intermediaries，and Impact-Oriented Evidence Producers*），就如何更好地满足决策者和实践者在当下与未来全球危机中的证据需求提出了建议，为政府政策制定者、组织领导者、专业人士和公民等如何应用证据解决各类社会挑战提供了支持，也让人们看到了循证与各个实践领域结合的可能性和科学价值。

社会科学"科学化"进程的前两个阶段是指运用实证研究方法推进基础研究领域的"科学化"、运用社会技术推进应用研究领域的"科学化"的两个阶段。而全球范围内掀起的循证社会科学实践运动，相较于前两个阶段更加凸显了实践过程的科学化，因此也被学者称为社会科学第三次"科学化"的浪潮（杨文登、叶浩生，2012）。在此浪潮中，循证理念深刻影响着社会工作、医学、经济、公共管理、教育等各个学科领域的转变，是社会科学实践领域"科学化"的具体表现，也昭示着社会科学正在开始进入实践领域"科学化"的新阶段。而其中循证社会工作实践不仅强化了人们将证据作为实践支撑的信念，而且在方法论及具体的操作层面为社会工作者提供了一整套可供参考的框架体系。

三　循证实践示例

假设在非洲某国，为减轻该国农村地区的贫困问题，政府决定实施一项贫困干预项目。该项目拟从经济、社会和教育等多个方面帮助贫困农民脱贫。循证实践主要步骤如下。

（一）步骤一：收集和评估证据

政府部门首先收集和评估相关证据，研究国内外关于贫困和扶贫的研究和经验，以了解有效的减贫策略和措施。同时，政府部门也从当地政策实施过程中吸取经验教训，了解到地方层面的问题和需求。

（二）步骤二：综合分析和评估证据

政府部门会对收集到的证据进行综合分析和评估，将不同研究和数据整合在一起，并结合当地的实际情况和特点，分析贫困问题的根源和关键因素。通过综合分析，确定项目的目标和策略，以及需要采取的具体措施。

（三）步骤三：制订行动计划

基于综合分析的结果，政府部门制订了具体的行动计划，确定贫困家庭的识别和选取方法，例如，建立了贫困户数据库和信息系统，规划教育、职业培训、就业促进和社会保障等方面的项目，以及制定具体的政策和措施。

（四）步骤四：实施行动计划

政府实施的该干预项目，与社会组织等紧密合作，协调各项措施的具体实施；为贫困户提供经济支持、教育和培训机会，促进产业发展和创造就业机会，提供相关的技术和服务支持。

（五）步骤五：评估和调整

政府决策者定期评估行动计划的效果，收集贫困户的收入变化、教育水平提升、就业机会增加等数据，分析收集到的数据并评估该干预项目的效果和可持续性，根据实际情况调整干预内容或方式。

四 社会工作领域的循证实践与行动研究的差异

（一）循证实践与行动研究的差异

（1）循证实践强调基于可靠证据来指导决策和实践。社会工作者通过收集、评估和整合相关的研究和数据，确保实践所采取的行动具有科学性和可靠性。相比之下，行动研究者更加强调实践过程中的反思和参与，侧重于发展具体干预措施和调整方法，而不一定着重于寻找和整合可靠的证据。

（2）循证实践者注重实践过程的透明性和明确性，要求明确实践目标、标准和程序，公开实践的依据和干预过程，强调实践的可追溯性和可信度。相比之下，行动研究者更多地侧重于实践的参与和反思，更注重实践者的参与和干预方式的适应性，但实践过程中的透明度和可追溯性相对较弱。

（3）循证实践者在实践中不仅依靠研究证据，还会整合其他实践经验和专家知识，提供更全面和多维度的实践指导与支持。相比之下，行动研究者可能更加关注实践者自身的参与、反身与合作，强调实践者在实践过程中的经验和反思，对于外部指导和支持的依赖程度较低。

（二）示例

假如行动研究者拟针对某一国家农村地区的贫困妇女群体开展减贫实践。行动目标是帮助这些妇女脱离贫困，提高他们的经济状况和生活质量。行动研究通常会涉及以下步骤。

1. 参与和需求识别

行动研究者可能会与农村地区的妇女群体密切合作，了解她们目前面临的贫困问题和需求。通过小组讨论、座谈会、个别访谈等形式收集妇女的意见和建议。

2. 目标设定

根据需求识别的结果，行动研究者与妇女群体共同制定了行动目标，例如提供经济机会、增加妇女的技能培训和提高自信心等。

3. 干预方案的制订和实施

行动研究者通常会与妇女群体合作，设计和实施具体的干预措施。例如，可能会提供职业培训课程，为妇女提供技能和知识，以便她们能够自主地从事手工艺品制作、农业经营等一些收入生产活动。

4. 监测和评估

行动研究者可能会与妇女群体共同制定服务监测和评估指标，用于跟踪项目的进展和效果。他们会定期收集数据，包括参与妇女的收入变化、技能提升和经济状况等，以了解项目的成效，并根据需要进行项目的调整和优化。当然，一些行动研究者也强调破除指标约束、摒弃通过指标、特别是量化指标来追踪项目的效果。

5. 妇女的参与和赋权

行动研究者非常重视妇女的参与和赋权。他们与妇女群体进行广泛的合作，建立了妇女的组织和行动网络，为妇女提供支持和指导，鼓励她们发表意见、参与决策和项目管理，以提高妇女的自信心和自主权利，使她们更好地应对贫困问题，并在社区中发挥更大的作用。

通过以上步骤可以看到，行动研究者更倾向于与妇女群体紧密合作，了解和满足她们的需求，同时通过提供相关的培训和机会，帮助她们脱离贫困；更强调通过妇女的参与和赋权来提高项目的可持续性和影响力。

对比分析上面阐述的两个减贫实践的例子中，行动研究者和循证实践者的做法有以下不同。

第一个例子中，循证实践者开展了减贫实践强调要基于可靠证据的决策，以及干预过程的透明性。循证社会工作者们通常通过收集、评估和整合相关的研究和数据信息来指导决策和实践。当然也会充分考虑不同的研究证据和专家经验和判断，以确保减贫实践得到最可靠的指导。而在第二个例子中，行动研究者开展了减贫实践强调通过参与和合作的方式推进实践。通常，行动研究者会与当地社区成员和妇女群体紧密合作，了解他们的需求和问题，与他们一起制定目标和干预方案。行动研究者会注重妇女的参与和赋权，鼓励她们参与决策和项目管理，并提供相应的培训和支持。

总之，循证实践者更加强调基于可靠证据的决策和实践过程的透明性，而行动研究者则更注重实践者的反思、学习和赋权。当然，毋庸置疑的是二者都非常提倡干预中的参与和合作。

第三节　循证研究

一　循证研究的概念

循证研究在这里特指社会工作领域运用循证方法的学术研究，也即循证社会工作研究。与循证实践不同，循证社会工作研究更注重科学证据的生成、验证和应用，为社会工作干预和政策提供坚实的理论和实证基础。

以下研究均可被称为循证社会工作研究。

（1）原始研究。原始研究是指在社会工作领域中进行的新的、独立的研究。它通过采用特定的研究设计和方法，收集新的数据来回答研究问题，并产生新的知识和洞见。

（2）系统评价、地图等证据的制作。系统评价是指为提供关于特定干预手段或政策的最佳证据，通过系统地收集、评估和综合现有研究的研究方法。系统评价是循证社会工作研究的核心工具，可以为决策者和实践者提供可靠的证据，并指导实践和政策制定。

（3）证据传播研究。证据传播是将循证研究的结果传达给不同受众的过程。例如，将研究结果发表在学术期刊或其他适当的渠道上，以便学术界和专业人士了解和使用这一新知识。

（4）证据转化研究。证据转化是将循证社会工作研究的结果转化为实践指导和工具的过程。例如，将循证研究的结果转化为社会工作的干预手段、培训课程、政策建议等实践工具，以促进实践的科学性和有效性。

（5）证据运用研究。证据运用是指将循证研究的结果应用于实际的社会工作实践和政策制定中。例如，社会工作者和决策者将循证研究的结论与建议应用于实践决策，以提高社会工作的效果和质量。

（6）专业实践的评估。专业实践的评估是确定实践效果的重要方式。例如，通过评估社会工作者的实践技能和专业素养，可以了解社会工作团队的合作效能，以及社会工作机构的质量和效率。

（7）倡导和政策制定的研究。社会工作者可以利用循证社会工作研究的结果来支持制定具有科学依据的政策，并通过倡导和社会运动来争取政策的实施。

（8）综合知识和实践模型的研究。综合知识是将来自多个领域的知识进行整合，以提供全面和多维度的社会工作干预。实践模型是一种指导实践的理论框架，基于循证社会工作研究的结果和实践经验，提供系统化的实践指导。

（9）跨文化和跨领域的研究与合作。跨文化和跨领域的研究与合作可以促进不同国家和地区之间的社会工作研究的比较与经验交流，扩展循证社会工作的范围和应用领域。

以上方面是循证社会工作研究的重要内容。从研究的产生到研究结果的传播和应用都旨在提高社会工作实践的科学性与质量，确保社会工作者的干预具有更好的效果和可持续性，帮助决策者和政策制定者基于科学证据做出更明智的决策，推动社会工作的发展和创新。

二　循证社会工作研究的特点

（一）循证社会工作研究的基本情况

循证社会工作研究是社会科学"科学化"和社会工作"科学

化"的重要体现。2000年，学者杰奎琳·科克伦（Jacqueline Co-chrane）出版《家庭社会工作的循证实践》。2004年，《循证社会工作杂志》（*Journal of Evidence-based Social Work*）创刊。2004年，麦克尼斯和赛伊尔诠释了循证社会工作应包含的三个核心要素（McNeece & Thyer，2004）。（1）最佳证据。来自科学调查尤其是社会工作服务结果评估，以及评估方法的信度和效度研究。（2）临床专长。社会工作者运用教育、人际技巧和过去经验，评估服务对象功能，诊断精神失常或其他情境，以及理解服务对象价值与偏好的能力。（3）服务对象的价值。服务对象带有的偏好、关注和期望。学者吉尔根（Gilgun）明确提出循证实践应建立在以下四个方面的基础上：（1）研究和理论；（2）实践智慧；（3）从业人员的个人假设、价值观、偏见和世界观；（4）服务对象的执业情况（McNeece & Thyer，2004）。

2006年学者赛伊尔设计了一个更加人本化的循证社会工作流程。（1）将个案的信息需求转换成可回答的问题；（2）匹配最佳临床证据以回答问题；（3）对证据的有效性、临床显著性和实用性进行批判性评估；（4）整合对研究证据的批判性评估结果、临床鉴定以及服务对象的价值观与环境要素；（5）评估个案在前四个步骤中的效果和效率，以及自我改变的努力程度。同年，学者甘布里尔梳理和总结了循证社会工作的通用模式。（1）将与实践决策相关的信息需求，构成可回答的问题；（2）以最高效的方式寻找最佳证据，以回答问题；（3）对研究证据的有效性和适用性进行批判性评估；（4）结合服务对象价值和偏好，将评估结果应用于实践和方案的制订；（5）基于前四个步骤，评估干预的效率和绩效（Eileen，2006）。

随着有关循证社会工作研究成果的相继出版和发表，灾害社会工作、医务社会工作、青少年社会工作以及少数族裔社会工作等不同领域的循证研究也相继如火如荼地开展起来。以灾害社会工作为例，路易斯（Louise）等人借助循证理论探索各国社会工作者对自然灾害救助以及灾后重建的贡献（Harms et al.，2022）。有学者提出将创伤知情护理（Trauma-informed Care，TIC）与专注于创伤和创伤敏感的方法区分开来，将创伤内容融入课堂和现场环境以加强研究生培训与社会工作实践（Mersky et al.，2019）。这也反映出，循证社会工作在微观、中观和宏观不同层面的问题处理中所发挥的作用，循证研究带来的好处也日益为决策者和实践者所认同。有研究人员曾对 103 名社区心理健康治疗师对循证实践的态度（在实施多个循证实践后）进行编码研究，结果显示，59%的一线工作者都使用了循证方面的知识。多水平逻辑回归分析也表明：社会工作者的适应性之所以得到增强，原因就在于他们对循证实践本身的开放和接受（Kim et al.，2020）。

（二）循证社会工作研究的特点

1. 基于证据

循证社会工作研究的核心特点是基于现有证据和研究结果。主要体现为以下几点。（1）收集证据。收集各种来源已发表的科学研究论文、实践经验报告、政策文件、利益相关方的观点等。（2）评价证据质量。对收集的证据进行评估，通过对研究设计的科学性、样本的代表性、方法的适当性、结果的一致性等方面的评估来评估证据的质量和可靠性。（3）综合证据。对收集到的各种证据进行整合和分析，以回答特定的研究问题或评估特定的干预措施。综合证据可以是定量的或定性的。（4）应用证据。将研究结果转化为实践指南、政策建议或干预方案。（5）更新证据。社会工作领域的知识和实践经验在不断发展变化，这就要求社会工作研究者对最新研究的持续关注，持续学习和更新自己的知识，以提供最新、最优质的证据支持。

2. 综合性

循证社会工作研究注重整合科学研究、实践经验、专业知识和利益相关方的观点来提供更全面和多维度的社会工作干预策略。具体体现在以下几个方面。（1）整合多种来源的证据。循证社会工作研究不仅依靠科学研究的结果，还利用实践经验、专业知识和利益相关方的观点。它通过整合这些不同来源的证据，获得更广泛和全面的视角，使研究结论更加准确、可靠和适用。（2）综合定量和定性研究。循证社会工作研究注重综合定量和定性研究证据。定量研究基于统计分析和数值数据，提供定量干预效果的估计和验证。而定性研究通过文字描述和个别案例，提供对研究问题的深入理解和解释。（3）整合不同的研究方法和研究结果。循证社会工作研究不局限于单一的研究方法，可以结合实验研究、调查研究、质性研究、评估研究等多种方法，综合审查多角度的研究结果。（4）提供多维度的干预。循证社会工作研究的整合性和综合性，使它能够提供多维度的社会工作干预。它不仅关注干预的效果，还关注干预的过程、影响因素、实施策略等。通过综合不同来源、类型和方法的证据，循证社会工作研究可以为社会工作提供更全面、个体化、差异化的干预方案。

3. 可复制性

循证社会工作研究强调研究过程和结果的可复制性，主要体现在以下几个方面。（1）描述研究方法和分析步骤。循证社会工作研究要求研究者清晰地描述研究所采用的方法和步骤，包括研究设计、样本选择、数据收集和分析等。通过详细描述研究方法和步骤，其他研究者可以了解并复制相似的研究过程，从而验证研究的可信度和可重复性。（2）公开研究数据和材料。循证社会工作研究鼓励研究者公开研究数据和材料，其他研究者可以重现研究结果，验证原始研究的结论，验证原来研究的结论是否具有一致性，并进一步推进社会工作领域的知识发展。（3）详细报告研究结果和结论。循证社会工作研究要求研究者详细报告研究的结果和结论，包括正面的结果、负面的结果以及任何限制和局限性。通过准确、透明地报告研究结果和结论，其他研究者可以理解和评价研究的有效性和适用性，并在实践中运用和推广研究的发现。可复制性的要求有助于消除误导性和偏见，提高研究结果的可信度和普适性，进而促进社会工作知识的积累和发展、科学合作与交流，为社会工作者和研究者提供了机会以共同推动社会工作实践和政策的改进。

4. 实践导向

循证社会工作研究以实践为导向，通过提供科学支持来指导实践决策。它强调将研究结果转化为可操作的实践指南和工具，以增强实践的科学性和有效性。具体体现在以下几个方面。（1）从实践问题出发。循证社会工作研究首先关注实践中的具体问题和挑战。研究问题可以是实践中常见的困难、政策的需求、社会问题的解决方案等。研究设计和研究问题会以这些实践问题为起点，确保研究的目标和结果与实践密切相关。（2）提供实践指导和工具。循证社会工作研究鼓励将研究结果转化为实践指南、工具和教育资源。这些实践指导可以是针对特定群体或社会问题的干预方案，也可以是评估和监督实践过程中的指南。通过提供可操作的实践指导，循证社会工作研究可以直接引导社会工作者的实践决策和行动。（3）促进实践改进和创新。通过基于循证研究的实践指南和工具，社会工作者可以更好地评估自己的实践方法和策略，了解它们的成效和效果。（4）支持政策决策。通过定量和定性研究的结果，循证社会工作研究可以为政策制定者提供实证数据和分析，以支持评估社会政策的有效性与适用性。这有助于确保政策、决策基于可靠的证据，促进社会工作实践和策略的改进。

5. 透明度和可理解性

循证社会工作研究通过使用清晰的语言和图表，解释方法和结果的背后逻辑，使研究过程和结果易于理解和应用，更好地与社会工作者、决策者、利益相关方和公众进行沟通，并促进知识的传播和应用。具体而言包括以下几个方面。（1）清晰的研究设计和方法描述。循证社会工作研究要求研究者清晰地描述研究的设计和方法。这包括详细说明研究的目的、研究问题、研究设计、样本选择、数据收集和分析等。（2）透明的数据收集和分析过程。循证社会工作研究要求研究者透明地报告数据收集和分析的过程。这包括描述数据收集的工具、方法和过程，以及数据分析的步骤和统计方法。通过透明地报告数据收集和分析过程，研究者可以使其他研究者能够理解研究结果的产成过程和可能的误差来源。（3）易于理解的结果和结论报告。这包括用清晰的语言和结构组织研究报告，以及使用可视化工具（如图表、表格）展示研究结果。（4）公开共享研究材料和数据。循证社会工作研究鼓励研究者公开共享研究材料和数据，以使其他研究者也可以独立地评估研究过程和结果，并验证研究的可靠性和适用性。此外，公开共享还促进了科学合作与交流，为社会工作领域的知识发展和实践改进提供了更广阔的平台。

6. 反思性

循证社会工作鼓励社会工作者对自己的实践过程、效果和个人价值观进行反思和审视，以加深对实践的理解和改进。不仅如此，循证社会工作研究还关注社会结构和权力关系的反思，以促进社会正义和人权的实现。

　　反思性主要体现在以下几个方面。（1）反思实践过程。这包括对实践中的情境、决策和行动的自我评估，以及对实践中的困难、挑战和反思的分享。通过反思实践过程，社会工作者可以发现其中的假设、偏见和误解，并通过反思来深化对实践的理解和改进。（2）反思实践效果。社会工作者通过回顾自己的实践成果和影响，评估实践的有效性和可持续性，并反思自己的角色和责任。这种反思有助于社会工作者了解自己的实践贡献、职业发展和个人成长，以及发现可能的改进和创新方面。（3）反思个人偏见和价值观。社会工作者对自己的偏见和价值观进行反思。社会工作者需要认识到自己的价值观和偏见对实践决策和干预选择的影响，并秉持开放、包容和反思的态度，避免对不同意见和观点的歧视和偏见。（4）反思社会结构和权力关系。对社会结构和权力关系的反思。社会工作者需要反思社会制度和结构的微观与宏观影响，反思社会正义和权利保护的问题，并寻求制度变革和社会变革的可能途径。

第四章　循证社会工作的实践框架

第一节　从个体到系统性干预的循证实践框架

一　实践框架类别

循证社会工作不仅挑战了传统的社会工作实践，也一直在探索如何以有意义的方式推动以证据为本的实践（Rubin & Parrish，2007）。以下是一些常见的实践框架分类。

（一）个体干预的实践框架

个体干预的实践框架注重以个体为中心，将服务对象个体的需求和目标置于优先考虑之列。这种实践框架强调建立个体与社会工作者之间的合作关系，社会工作者帮助或协助服务对象解决个人问题和实现其个人的成长与发展。

（二）微观干预的实践框架

微观实践框架关注个体及其家庭的社会工作干预。实践框架强调在个人及其家庭的咨询、情感支持和疗愈等方面的技术和技能，以满足个人及其家庭的具体需求和协助其面对挑战。

（三）宏观干预的实践框架

宏观干预的实践框架关注社区和社会层面的问题与挑战。这种实践框架强调社会变革和社会正义，希望能够促进社区和社群的发展与改善。宏观干预的实践框架涉及政策分析、社会计划、社会运动和社区组织等领域。

（四）系统性干预的实践框架

系统性干预的实践框架兼顾个人、微观和宏观层面，将干预视为一个相互关联和相互影响的系统。系统性干预的实践框架认为社会工作实践是一种复杂的、综合性的活动，需要在多个层面上进行干预、支持和改变，以实现更全面的社会变革和个体福祉。

需要强调的是，循证社会工作的实践框架可能因学者和研究者的观点和理论偏好而有所差异。而在系统性干预的实践框架中，不同层面的干预并非彼此独立，而是相互交织和相互影响的。换言之，社会工作实践往往会涉及两个及以上实践框架的组合，以满足不同层面和不同维度上的服务对象（个体或群体）的需求和问题的解决。

二　实践框架示例

假设社会工作者负责的项目是针对失业青年的就业援助和职业培训，采用不同的实践框架，所采用的方法等是不同的。

（一）个体干预的实践框架

社会工作者采用个体干预的实践框架，与失业青年进行个体辅导和职业咨询。社会工作者通过与失业青年建立合作关系，了解他们的教育背景、技能和就业目标等信息，协助他们评估和确定职业规划，帮助和协助他们习得求职技巧、撰写简历和准备面试。此外，社会工作者还会为失业青年提供情感支持和激励，解决心理障碍，帮助他们树立自信心和实现职业目标。

（二）微观干预的实践框架

在微观干预的实践中，社会工作者可能会与失业青年的家庭成员或亲密伙伴进行合作。可以通过提供家庭治疗或亲密关系辅导，整合家庭成员的资源共同应对失业青年面临的压力和各种挑战。社会工作者还会与家庭成员合作，分析家庭中存在的问题和有利于失业青年重新就业的资源，例如经济支持、家庭责任和支持系统。通过家庭干预促进家庭的团结和相互支持，以增加失业青年的自我效能感和家庭支持。

（三）宏观干预的实践框架

除了个人和微观层面的干预实践外，社会工作者还与政府机构、非营利性组织和雇主合作，共同开展就业培训项目、增加就业机会等宏观层面的实践。例如，社会工作者可以与雇主建立联系，了解雇主的招聘需求，为失业青年提供就业机会。社会工作者还可以倡导和推动更加包容与平等的就业环境，争取政策和制度层面对失业青年的支持，为失业青年争取更广泛的支持和资源，提供更多样的就业选择机会。

（四）系统性干预的实践框架

在就业服务中，系统性干预体现为多个层次的策略紧密结合、相互支持形成协同效应。比如，个体层面的辅导可以帮助失业青年明确职业目标，树立自信，增强自信。与此同时，针对这些青年家庭的支持措施也可以发挥重要作用，家庭成员通过给予接纳、鼓励及实际的帮助，为失业青年营造出一个充满温情和正能量的港湾。这种温暖的家庭环境可使他们更愿意接受新的挑战，从而更容易把个体层面的辅导效果转化为切实的行动力。

在宏观层面，项目团队与政府机构、企业和非营利组织等紧密合作，共同推动实现政策的优化和资源的整合。这些宏观举措不仅可以为失业青年提供更多的就业渠道和职业培训机会，还可以通过落地的政策和经费支持，为整个干预系统的持续性提供保障。

在服务过程中，社会工作者并不能简单地将各种干预措施孤立运作，而是通过定期收集和分析来自不同维度的反馈信息，形成动态、持续改进的机制。通过这种机制，社会工作者不仅可以对个体辅导和家庭支持的成效进行评估，还可以密切关注宏观政策的落实情况和资源的配置效率，并及时对现有方案进行调整和优化。

在系统性干预的实践框架下，每个层面的努力都不是孤立的，它们之间构成了一个不断反馈、持续改进的动态循环网络。这一整体服务可使失业青年在个体辅导中建立的信心，并通过家庭的协助得到巩固和扩展，再辅以宏观层面的政策推动和资源保障，逐渐激发出内生发展动力，从而实现全面的就业援助目标。

第二节　从实证主义到后现代主义的循证实践框架

本节将通过实证主义、实用主义、政治主义和后现代主义四种社会工作的实践框架来展现当前的循证社会工作（见表4-1）。每种实践框架都有自己的优势和适用性，社会工作者通常会根据实践目标、问题特点和具体情境选择合适的循证社会工作实践框架。

表 4-1　循证社会工作的四种实践框架

范式	特点
实证主义	• 强调科学研究方法：注重使用科学方法进行研究和实践，倡导可量化的数据和客观的证据； • 以结果评估为导向：重视对社会工作干预效果进行评估，关注干预措施的有效性和效率； • 着眼于个体层面：注重个体层面的干预和解决问题，关注个人的行为、心理和社会功能的改善
实用主义	• 关注实用性和可操作性，注重技术性和可操作性； • 重视从实践中积累的经验和知识，强调从实践中学习、反思和改进； • 强调与受助者、社区和其他利益相关方的合作，以促进制订真正符合实际需求的干预方案
政治主义	• 旨在将研究证据与政治行动相结合，通过研究来支持和指导社会工作实践； • 倡导社会工作者不仅参与政治行动，还要在政治行动中运用循证研究的结果和方法； • 也可以融入实用主义实践框架和批判反思，以更好地满足不同的实践需求
后现代主义	• 强调社会构建性和文化多样性，重视社会的多样性和复杂性，认为社会问题的理解和干预受到各种文化、语境和权力关系的影响； • 重视理论批判和话语分析，挑战正统知识和权力结构，并关注服务对象和社区的参与性和主体性； • 强调对实践的反思和不确定性的认同，鼓励对权力和知识的批判性思考，并接受多元的、互动的解决方案

一　实证主义的实践框架

（一）实证主义实践框架的主张

实证主义的实践框架是指基于实证主义理论的循证社会工作实践，其强调以科学方法获取客观的、可验证的证据，并将其应用于社会工作服务对象的问题解决上。

　　社会工作者非常重视理论的可验证性和实用性、实践的可测量性和实用性。他们通常会根据实证主义的原则，寻找当前最有效的干预措施和最佳实践，并据此设计研究方案，制定研究假设，然后通过随机对照实验、问卷调查、统计分析等定量方法，收集、分析和解释数据，以验证社会工作干预的效果和影响，了解哪些干预措施是有效的、为什么有效，并将这些知识再应用于实践。

　　（二）实证主义实践框架的优势和适用性

　　1. 实证主义实践框架的优势

　　实证主义实践框架的优势体现在以下几个方面。

　　（1）客观性和可验证性。实证主义实践框架注重客观事实和可验证的证据，强调采用科学方法和数据分析评估干预措施的效果和影响。

　　（2）实用性。实证主义实践框架致力于通过科学研究和严谨的数据分析了解哪些干预措施是有效的，并将这些干预措施应用于实践中，提升实践的效果和成效。

　　（3）普适性。实证主义实践框架提倡一种普遍性的理论和方法，希望无论是在教育、儿童保护、老年照顾还是其他领域，实践框架都具有广泛的适用性，可以在不同的实践领域和问题上进行应用。

　　2. 实证主义实践框架的适用性

　　社会工作者需要根据实践目标、干预问题的特点和实践背景选择实践框架。实证主义的实践框架适用性体现在以下几个方面。

　　（1）确定实践目标。社会工作者首先需要明确实践目标，即希望社会工作实现什么样的社会变革或改进。如果目标可以或需要通过科学方法和数据分析来验证干预措施的效果，实证主义范式可能是一个合适的选择。

（2）干预问题的特点。社会工作者需要明确干预问题的性质和研究的可行性。实证主义实践框架通常适用于那些可以被量化、评估和测量的问题。如果问题具有明确的指标和可以进行数据收集和分析的可能性，那么实证主义范式可能是适当的选择。

（3）考虑实践背景。社会工作服务的理念、资源和技术支持等方面的因素也决定了实践框架的选择。实证主义实践框架需要有相应的资源和技术支持来开展研究工作。

（4）可以综合其他实践框架。实证主义实践框架并不是唯一的循证社会工作实践框架。社会工作者可以根据具体问题的特点和适用范围，综合运用不同的实践框架的思路和方法，以达到更好的实践效果。

（三）关于实证主义实践框架的讨论

当前对于实证主义实践框架的讨论主要包括三个方面：伦理性、适用性和有效性。

1. 伦理性

在社会工作领域中，伦理原则、人的尊严和权益等价值观必须得到重视是一种共识。有批评者指出，实证主义实践框架追求客观性和可验证性，注重以科学方法获取证据就会面临社会工作基本伦理"个别化"和"服务对象自决"的选择困境。

其中，"个别化"要求社会工作者重视服务对象作为独特个体的权利和需求，关注服务对象的个别差异和独特性。而强调可验证性获得的最佳证据却难以反映服务对象的独特情况（Farley et al.，2009）；最佳证据不仅容易将服务对象及其问题标签化，也容易忽略对服务对象所处社会文化具体情境的关怀。还有研究者认为实证主义的实践框架采取"标准化"策略，反映的是对服务对象问题的一般性处理原则，而非对服务对象具体、特定情况的处理（Farley et al.，2009）。循证社会工作者对这一质疑的回应是：证据可以协助社会工作者尽可能地做出理性判断。循证社会工作的实践强调以证据为基础，也强调要通过证据整合、证据转化环节将证据与服务对象的独特性和具体情境相连接。

此外，服务对象的自决权与社会工作者专业判断之间的张力一直以来是所有社会工作者面临的伦理困境之一，而非仅仅是循证社会工作的难题。当服务对象处于困境和弱势地位，缺乏解决自身问题的能力时，其"自决"能力必然是有局限的，因而社会工作者的专业判断实际上往往是由社会工作者引导和把握的。但是，循证社会工作对证据的强调使社会工作实践可以在服务对象—证据—社会工作者之间形成"三足鼎立"，削减社会工作者基于经验可能出现的"主观臆断"，保护服务对象的权利，协助社会工作者做出更为理性的判断。当然，在实证主义的实践框架中需要更加注重服务对象自决的伦理原则，确保实践的可持续性、公正性和可信度。

2. 适用性

对实证主义实践框架的另一个质疑是其适用性。实证主义实践框架强调以科学方法获取客观的证据和采用定量研究进行服务结果评估，这在某些问题和某些实践情境下可能存在限制。例如，某些社会问题涉及主观的经验、情感和文化背景的因素，难以量化和测量，只强调采用定量研究方法可能无法精准捕捉到社会工作实践中的复杂性和多样性。

对此质疑，循证社会工作者的回答有以下几个方面。

（1）方法的综合运用。实证主义实践框架并不是唯一的循证社会工作实践框架，社会工作者可以选择或综合运用解释主义、实用主义和后现代主义的实践框架更好地捕捉复杂、多样现实情境，弥补其局限性。

（2）选择恰当的研究设计。在面对难以量化和测量的社会问题时，可以采用深度访谈、观察和文本分析等质性研究设计，捕捉主观经验、情感和文化背景等多元要素，了解和理解服务对象的处境与需求、干预的效果和影响。

（3）强调实践过程与关系的深入推进。实证主义实践框架的关注点在于干预措施的效果和可测量性。但同时也强调社会工作者可以通过过程的质量把控、与服务对象及其生存发展环境建立良好的关系和提供/链接更全面支持系统，从而更深入、细致地了解干预产生的效果和影响。

（4）反思实践背景和权衡利弊。社会工作者需要持续反思实践背景，包括真实田野中的组织的文化和社会环境，以及资源和技术支持。在确定干预方案时，必须权衡利弊，思考如何最好地使用实证主义实践框架或其他实践框架，以满足实践目标和需求。总之，质疑实证主义实践框架在量化、测量和捕捉复杂性方面的能力是合理的。然而，通过综合方法的运用、适当的研究设计、关注过程和关系，以及反思实践背景和权衡利弊，社会工作者可以尝试解决这些质疑并提供更全面有效的社会工作实践。

此外，还有研究者认为社会工作干预的策略根本无法标准化。因为服务对象及其环境、社会文化具有独特性，同样的干预措施对于不同的服务对象有着不同的影响和效果。而且一些干预策略往往包含了多样的具体措施和评估指标，很难精确界定，也很难进行实验研究（Hausman，2002）。例如，地区发展模式作为社区工作中的主要模式之一，关注的是如何协助社区居民分析问题、发挥自主性，提高其对社区的认同度，鼓励和帮助他们通过自助和互助解决社区问题。在此过程中，社区居民的自主行动能力和生存发展能力是推动社区改变的主要力量，但是自主行动和能力的界定和评估必须基于本地的具体情境，因此难以进行标准化的实验研究。

对此质疑，循证社会工作者的回答有以下几个方面。

（1）尽管实证研究方法在社会工作中并不适用于所有情境，但综合方法的使用可以帮助克服其局限性。社会工作者可以采用实证主义、解释主义和后现代主义等不同的方法，全面了解和应对服务对象的需求和困境。而且借助综合方法的应用还可以更好地反思社区居民的自主行动能力和生存发展能力。

（2）允许制定个别化的干预策略。在地区发展模式中，社区居民的自主行动和自身的生存发展能力的确是推动社区改变的主要力量。为了充分体现和贯彻这一实践理念，社会工作者完全可以不固守所谓标准化的介入策略，而是根据实际情况和服务对象的要求来调整、转化证据，制定个别化的干预方案。

（3）实证研究方法在社会工作中的运用需要得到社会工作机构、组织和体系的支持。例如，社会工作机构应该提供培训和指导、适当的资源和支持，帮助社会工作者灵活运用实证方法，根据服务对象的需求进行个性化的介入策略。

（4）社会工作者需要持续反思和学习，以不断改进和发展实证研究方法在社会工作中的应用，这可能包括但不限于密切关注实践经验、倾听服务对象的声音和反馈，并根据这些反思不断改进自己的方法和实践。

此外，还有一些学者指出，由于社会工作面向的服务对象背景复杂、实施的干预措施多样。因此，对循证数据库具有较高的要求，但是当前社会工作的证据并不充分、社会工作实践决策多建立在非经验性知识的基础上、社会工作相关议题 Meta 分析和系统评价得出的结论存在不一致。对此质疑，循证社会工作者的回答是：循证社会工作中的证据充分性的确面临挑战，但是存在困难并不意味着不能实现。尽管通过全面和高质量的研究证据来为社会工作循证实践提供支持的任务艰巨，但是无论如何，循证社会工作仍然是一条值得走的路。

3. 有效性

通常实证研究对于结果的有效性有明确且一致的理解，但是学界对社会工作服务有效性的标准却存在不同的理解。由于服务提供者的立场、背景和理念不同，服务对象的意愿和社会处境也存在差异，社会工作干预何谓有效以及如何评估有效性的标准存在差异和争议。

这些质疑提醒循证社会工作实践要精准识别服务对象需求、加强循证实践的情境分析和结果指标的研究。同时，循证社会工作者也始终认为，对服务和干预的评价不应仅依赖唯一或统一的衡量标准，也赞成采用质性等混合方法开展评估，更好地反映服务对象的多元性和服务的多维性。同时，循证社会工作也强调参与者对社会工作服务有效性的评价和反馈，评估涵盖服务对象、社区成员和其他利益相关方的声音。只有通过纳入不同服务参与者的评价，循证社会工作才可以更全面地了解服务的影响和效果。

二　实用主义的实践框架

（一）实用主义实践框架的含义

实用主义一词源于希腊语"pragma"，意思是行动，是实用主义的核心概念（Pansiri，2005）。实用主义哲学认为，人类的行为永远不能脱离过去的经验和源自这些经验的信念，因此，人类的思想与行动有着内在的联系。人们采取行动是基于他们行动的可能后果，他们用行动的结果来预测类似行动在未来的后果。实用主义哲学还认为，人类行为和信仰的意义在于它们的后果，外部力量不能决定一切，人们有能力通过自身的行动和智慧来塑造自己的生命历程。不仅如此，现实不是静止不变的，而是会随着事件的变化而变化，世界也不是静止的，而是一个不断变化的状态，因此，行动是实用主义的关键所在（Tashakkori & Teddlie，2010）。实用主义者还强调问题的情境性，注重多元的地方情境分析，认为只有将研究问题置于社会情境中去探究才是合理的。不应该在没有理解清楚问题的情况下选择方法（Dillon et al.，2000）。

由此可见，实用主义的实践框架强调社会工作实践的实用性和实效性，关注实践中的可操作性和问题解决的可行性，以及在具体情境中解决问题和达成目标；要求社会工作专业人员对服务对象及其情境有清晰、正确的认识，专业人员需理性解决实际问题，将环境中的一些不确定因素变成确定的因素，从而产生有依据的判断（Garces，2022）。同时，建议在对干预做出决策时，除了依据实验研究的结果外，还应将其与其他相关信息相结合做出更全面的判断（Gray et al.，2009）。

虽然实证主义和实用主义实践框架在最佳证据的界定上存在差异，但这两种基于实践框架都认为社会工作研究问题应选择适当的方法（Fook，2002）。从实证主义的角度来看，实验证据被视为最好的证据，而从实用主义的角度来看，所有研究证据都需要与其他信息放在一起进行权衡，以便社会工作者对干预措施做出明智的判断。提倡将定性和定量方法相结合，并从各种角度进行调查。当然也有学者认为，实用主义不一定需要特定的方法或混合方法，无论是单一方法、多种方法，还是多种方法的混合，最好的方法是能产出最有效结果的方法（Teddlie & Tashakkori，2003）；研究的相关性和适用性比所使用的特定方法更重要（Shaw，2003）。

（二）实用主义实践框架的特点

实用主义范式的循证社会工作强调以实践问题为导向，以实证为基础，注重综合使用多种证据，追求干预措施的可行性和实用性，在具体情境中制定和实施循证决策，并以持续学习和改进为支撑，为社会工作实践提供持续有效和高质量的服务。

（1）关注实践问题和情境性。实用主义实践框架聚焦解决实践问题，强调将抽象理论和研究结果与具体的实践情境相结合。社会工作者需要考虑服务对象的个体差异、社会文化背景、资源可及性等具体因素，以制定个性化的干预措施。

（2）理论导向方面。实用主义的实践框架实践导向，强调将理论和知识应用于实际工作中，更关注解决现实问题和提供切实有效的服务，更关注实践的可行性和实用性。

（3）证据使用方面。实用主义实践框架会采纳实践经验、专业知识和个人见解、观察和反馈等非正式证据，强调从多个来源获取证据以确定最佳实践。

（4）反思和评估方面。实用主义实践框架的反思和评估强调从科学的、实证的角度反思和评估干预有效性。

（5）客观性和主客观相结合方面。实用主义实践框架也认同社会工作者的主观经验和专业判断，认为主观经验和客观证据的相互作用对于提供有效服务至关重要。

（6）学术和专业发展方面。实用主义的实践框架倡导社会工作者紧密关注最新研究成果、实践指南，强调社会工作者持续学习，不断提升自己的知识、技能和能力。

（三）实用主义实践框架的局限性和适用性

有学者指出实用主义实践框架的局限性。第一，将行动视为实用主义的出发点和目标，虽然避免了理性主义和经验主义的缺点（Garces，2022），但可获得的当前证据需要基于具体情境转化和调整，这让很多循证研究人员或专业人员背负较重的时间成本（Hothersall，2018）。第二，实用主义对情境性、问题中心性的强调限制了识别和分析结构性社会问题的适用性（Thompson，2012）。第三，相对实用主义，虽然实用主义对证据的界定限制更少，但人们仍然担忧在缺乏高质量证据的情况下，社会工作者只能依据专业经验和服务对象的反馈做出决策，或者即使收集的证据有缺陷和不足，社会工作者也可能使用（Gray et al.，2009）。第四，还有研究者指出，实用主义方法也可以作为一种借口，使得社会工作者忽略研究结果，只借助经验做出决策（Gray et al.，2009）。

因此，运用实用主义实践框架的前提有以下几点。第一，社会工作者首先应具有证据信念，意识到研究证据对实践的价值，主动收集和应用这些信息。第二，社会工作者具备搜索技能，全面和系统地从各种证据来源中寻找相关证据（Gray et al.，2009），批判性地分析证据质量，避免将实用主义的循证社会工作变成忽视研究证据的借口的风险（Shaw，2011）。第三，实用主义者必须反思和敏感于他们的决定和选择。对于什么能够作为实践证据的判断，是一种专业人员需要额外训练的技能（Garces，2022），如应掌握对研究和干预过程批判性评估的能力，分析研究证据对特定实践环境的适用性的能力。

三 政治主义的实践框架

（一）政治主义实践框架的主张

政治主义的社会工作关注社会工作实践中的权力和社会正义，认为个人和社会之间的关系是由社会结构和权力关系所决定的，强调社会工作者在解决社会问题时应考虑政治力量、权力不平等和社会正义。社会工作者可以通过参与社会运动、促进社会变革和争取权益，来解决结构性的社会问题。

在循证社会工作中，政治主义实践框架是基于实证研究的政治主义实践，强调在政治行动和政策倡导中使用循证方法，将研究证据与政治行动相结合，通过研究来支持和指导社会工作实践。社会工作者不仅要参与政治行动，还要在政治行动中运用循证研究的结果和证据。因此，政治主义的社会工作实践强调社会工作的政治性和政治行动的重要性，政治主义的循证社会工作还同时强调在政治行动中运用研究证据，在对社会福利的政治化理解与微观和宏观实践相结合的综合方法基础上，建立一个广义的社会工作实践，即以赋权为导向，整合各种实践模型（Hoefer，1993），将政策与实践联系起来（Payne，1998）。例如，在社会工作实践和社会政策决策中，可以通过收集证据推动专业人员、组织和研究机构的赋权工作，或战略性地利用证据为社会弱势群体提供机会以产生影响。社会工作专业人员应将政治方法与研究分析技能相结合，具备政治敏锐性、谈判、参与及影响力等政治技能，以解释和推广研究结果（Gueron，2007）。在实践中，除依靠研究证据外，还应利用研究的相关性和结果影响决策者和资助机构的决定，寻找有影响力的证据并战略性地应用于人们对弱势群体和被社会边缘化群体问题的认识，从而向上影响资源分配（Fook，2002），同时考虑在组织和政策层面影响决策者的权力和资源分配结果（Gray et al.，2009）。

（二）对政治主义实践框架的批评

对政治主义实践框架的批评主要来自以下几个方面。

第一，政治主义的实践框架关注社会生活的权力差异，把边缘化和被社会排斥人群的声音作为证据的重要来源（Mullaly，1997），这使收集和提出特定干预措施的过程本质上并不是一个严格的理性技术过程，而可能会导致社会工作者以有偏见的方式确定实践目标以及特别推广具有政治属性的证据，并影响社会工作者选择哪些群体值得为其进行倡导或哪些群体值得谈判或协商（Gray et al.，2009）。

第二，有学者认为，政治主义的实践框架试图将社会工作政治化，将焦点放在社会变革上，进行自下而上的、具有煽动性的政治性活动对服务对象没有帮助，甚至还可能是伤害性的（Bardill，1993）。

第三，政治主义的实践框架以政治观点引导人们关注资源分配的问题是"公平"问题，公平问题是权力结构的问题，进而寻找证据或据此采取行动。行动获得的证据是"特权"证据，即如果通过干预产生了良好的结果，则特定的服务或政策方向可能会被赋予证据支持带来的合法性，而如果缺少此类证据，则很可能撤回服务（Cheetham，1992）。无论是在政府部门还是在社会服务组织内部，实践决策都受到决策者和服务对象对服务有效性看法的影响，因此，如果人们对干预有效性的理解无法达成共识，客观证据就有可能被忽略。

第四，还有学者指出，当社会工作者从推进社会公正的角度出发对服务对象的需求进行理解时，却未必就代表一定是服务对象想要或真正需要的（Hausman，2002）。那么，就可能面临着政治价值观和服务对象意愿的两难抉择，存在以证据为基础进行决策还是服务对象自决的困境。

四　后现代主义的实践框架

（一）后现代主义实践框架的主张

后现代主义认为社会世界是可以解释的、具有意义的，而意义是通过使用语言、话语和象征来创造的（McBeath & Webb，1991）。后现代主义质疑现代主义的普遍性和客观性，批判社会工作实践中的权力结构和话语权，强调个体和主观经验的重要性，关注语境、多元性和多样性，重视语言在人类活动中的作用和影响、社会工作认识和解释意义的方式，以及个体、群体和社会的主观意义与经验。

在后现代主义的实践框架下，社会工作者关注个体的权利和多样的声音，通过批判性思考和反思来推动社会变革。具体而言，第一，后现代主义的实践框架承认经验的意义，尤其是服务对象的意见，认为社会工作服务中存在多种不同的话语和意义，无论是服务对象的理解，还是社会工作者或研究者的观点都是有价值的（Gray et al.，2009）。因此，后现代主义的实践框架常以语言为基础，把服务对象的生活经历视为一种叙事或行为文本，认为服务对象只属于他一个人的生活故事中的主角，服务对象存在的问题呈现为与叙事有关的问题，社会工作者则应帮助来访者实现从弱势的自我认同改变到对生活和自身处境积极认同的转变（De Jong & Miller，1995），这一转变过程是服务对象进行的一段关于自我发现的旅程，在这个过程中服务对象逐渐辨识自身的优势和拥有自己的能力（Rapp & Goscha，2006）。第二，后现代主义认为真正检验社会工作干预有效性的是服务对象的生活经历和生活质量，而这类信息本质上是解释性的，因此，证据只能通过定性、解释性和叙述性方法收集（Fawcett & Featherstone，1998）。叙事访谈通常被认为是调查社会工作问题更合适的方法，因为叙事访谈提供了人们对社会工作干预的重要理解（Hollway，2001）。

（二）后现代主义实践框架下证据的多样性、复杂性和不确定性

在循证实践中，后现代主义的实践框架下的证据具有多样性、复杂性和不确定性。第一，主张"最佳证据"和"有效性"都是可以解释的。"有效性"和"最佳证据"等术语的含义需要根据社会工作实践参与者之间的对话来确定（Pawson，2002）。第二，认为想象、经验和感受都是社会工作有效干预的重要证据来源（Fook，2002），可以为社会工作的实践提供广泛和全面的信息（Gray et al.，2009）。因此，有批评者指出，后现代主义视角下的证据不严谨、科学性不强。许多定性研究样本量及研究结果缺乏代表性和普遍性，许多结论是在没有实证支持的情况下产生的（Atherton & Bolland，2002）。

当然，后现代主义的实践框架也促使循证社会工作者注意：虽然实证方法适用于标准化的社会工作干预措施，这些干预措施具有明确定义和可观察的预期效果，可以明确衡量其有效性。但在社会工作实践中，若实践目标是提升服务对象幸福感等主观目标时，进行标准化的测量就会涉及服务对象本身对概念的解释，而每个人的解释又取决于价值观、个人经验和社会背景（Gray et al.，2009）。因此，后现代主义视角下的证据不是通过观察和测量来建立的，而是通过对话来建立的，聚焦的是解释和意义在识

别和审查证据方面具有重要影响（Shaw，2003）。其重点在于如何使用话语来构建共识性的知识来解释专业、组织和其他社会群体的经验（Gueron，2008），因此，通常需要采取定性和解释性的方法收集证据（Fawcett & Featherstone，1998）。

第三节　从单一、量化转向多元、综合与情境敏感的实践框架

一　循证社会工作实践框架的选用

在循证社会工作中，实践框架的选用至关重要，这需要社会工作者精准判断不同情境下证据与评价方式的适宜性。

以社区健康促进项目为例，基于实证主义原理，社会工作者在设计研究方案时，可采用随机对照实验和标准化问卷调查的方法，对干预效果进行评估。通过严谨的统计分析，验证某一健康教育干预措施能否有效降低慢性病的发病率。这种方法能够提供客观、量化的数据支持，为项目的成效提供有力证据。

在失业青年就业辅导项目中，社会工作者可运用实用主义的实践框架。一方面，收集问卷数据和统计信息，了解整体就业率的变化情况；另一方面，通过深度访谈、案例讨论和现场观察，全面收集服务对象和干预者的实际经验反馈。基于这些综合信息，针对不同失业青年的个体特点，制定个性化的就业支持方案。这种实践框架既重视量化数据所反映的整体效果，也关注实践过程中各方的实际经验，确保方案更贴合实际需求。

在为社区高龄、残障且无人抚养的老人提供服务时，社会工作者重点关注社区资源的可及性。在干预过程中，社会工作者不

仅收集社区资源分配等相关数据，还积极通过呼吁社区照护、倡导政策等方式，为这些老人争取发声机会，推动福利资源向他们倾斜，从而直接改善老年人的生活状况，让他们得到应有的关怀和帮助。

在青少年心理健康干预中，社会工作者可借鉴后现代主义方法。通过叙事访谈和深度个案分析，聚焦青少年的个人故事和主观体验，运用语言和话语分析工具，帮助他们重新构建个人身份和生活意义。例如，在辅导过程中，将青少年讲述自身经历的叙事作为核心资料，从中识别他们的内在优势和潜在困境，引导他们从弱势自我认同向积极自我认同转变。在不断对话和反思的过程中，形成各方都认可的改进方案，助力青少年心理健康发展。

二　适宜性的标准

在确定实践框架时，社会工作者需全面考量多方面因素，然后再确定最适宜的证据收集与评价方法，保证干预措施在实施过程中最大限度地契合实际需求，达成预期效果。适宜性的评判标准主要涵盖以下几个关键方面。

(一)研究方法的适宜性

不同研究方法各有长处，社会工作者应依据信息类型的特点，权衡采用量化、定性或混合研究方法。比如，对于主要依靠数据对比和统计分析的问题，结构化问卷调查和标准化测试是更合适的选择，能够精准地获取量化数据，为研究奠定坚实的数据基础。而当研究目标是深入理解个体内心体验、情感波动以及家庭故事时，叙事访谈、现场观察和文本分析等定性方法，能更敏锐地捕捉个体间细微的差异和丰富的背景信息，挖掘出数据背后的深层含义。

（二）干预目标导向

干预目标在实践框架的选择中起着决定性作用。若干预目标聚焦提升健康水平、降低疾病发生率等客观数据，定量研究可以通过精确测量干预前后的数据变化，有效验证干预措施的有效性。但当干预目标更多关注服务对象幸福感提升、自我认同增强或社会参与度提高等主观体验时，就需要借助解释性和体验性指标来评估。明确干预目标有助于社会工作者在构建证据和选择方法时做出更具有针对性的判断，确保评价环节能够准确把握干预带来的实际改变。

（三）具体情境考量

不同的服务环境、社会资源状况和文化背景，都会对干预效果产生显著影响。在资源充裕、政策支持力度大的社区，采用标准化调查方法和统计模型，更能全面反映宏观干预成效。而在多元文化交融、资源分散或存在明显结构性不平等的情境中，单一量化方法难以涵盖所有信息维度，此时结合案例研究、参与式观察和社区对话等方式，能从多个角度收集信息，更好地适应复杂的现实情况。鉴于情境的多样性，社会工作者在设计干预方案时，必须立足实际，既要关注整体数据的变化趋势，也要重视服务对象在特定背景下的具体反馈。

三 循证社会工作逐步从单一、量化实践框架向多元、综合与情境敏感实践框架转变

（一）循证社会工作的实践框架的多元取向

循证社会工作的实践框架已经突破了实证主义单一范式的束缚，将实用主义、政治取向和后现代主义视角兼收并蓄。在复杂

多变的社会工作场景中，这种多元融合的取向，是对科学性与客观性的执着追求，更是对服务对象独特主观体验、个体差异的尊重。

1. 循证社会工作的实践框架在方法上的互补性

社会工作领域面临的问题千头万绪，仅凭一种研究方法，难以精准剖析服务对象的需求，也无法全面评估干预措施的成效。为了攻克这一难题，社会工作者倾向于综合运用多种研究方法。在实际操作中，随机对照实验和统计分析为验证干预效果提供了科学依据，其精确性和可靠性不容置疑；而深度访谈、观察和文本分析等定性研究手段，则像一把把细腻的手术刀，深入挖掘服务对象行为背后的潜在动机、内在诉求及复杂的文化背景。定量方法与定性方法相结合，既能获取客观、可量化的数据，又能洞察服务对象丰富的内心世界，使干预方案设计得更加周全、高效。

2. 循证社会工作的实践框架在理论与实践上的互动

循证社会工作者在实践中，从不拘泥于某一种理论，而是以问题为导向，结合服务对象的实际需求和所处的现实情境，灵活选取最适配的理论框架。单纯依赖标准化、量化的实证主义方法容易忽视个体的独特性。对此，社会工作者积极回应，通过整合各类证据，将科学研究成果与现实场景紧密结合，充分考虑个体的差异化需求。这一过程体现了实证主义与阐释主义的相互补充，让理论不再是空中楼阁，而是切实指导实践，实践也反过来促进理论的发展，形成了理论与实践的良性互动。

3. 循证社会工作实践框架的批判性反思

针对实证主义方法在伦理、适用性和有效性测量等方面存在的局限，诸多质疑之声在相关研究与实践中涌现。循证社会工作者以开放的态度，对这些批评进行深刻反思。一方面，他们致力于完善现有方法，弥补其不足；另一方面，他们积极探索如何在保持科学严谨性的同时，将阐释性方法融入其中，注重服务对象的自主决定权、主观感受及所处的社会文化背景。这种批判性反思，成为推动实证主义与阐释主义深度融合的催化剂，让循证社会工作的实践框架在不断完善中更加契合实际需求。

（二）循证社会工作逐步向多元、综合与情境敏感的实践框架转变

1. 情境理解是社会工作实践的基础

在社会工作实践中，深刻理解并尊重服务对象的具体情境和背景具有无可替代的重要性。社会工作的本质在于以人为本，而每个人的生活经历、文化背景和价值观都是独一无二的。因此，简单套用标准化的解决方案，虽然在某些普遍性问题上可能取得一定的效果，但在面对复杂多样的人类社会问题时，往往会显得力不从心。社会工作者在处理家庭干预、社区发展或是跨系统的综合性问题时，必须首先深入探索服务对象所处的具体环境。这包括他们的个人历史、家庭动态、社区文化及更广泛的社会经济背景等。只有当我们全面理解了这些情境因素，才能准确把握服务对象的真实需求和挑战，从而设计出既专业又贴心的服务方案。

情境理解如此关键的原因在于，人类的行为和问题深深植根于生活环境。不同的家庭可能秉持截然不同的价值观，有的家庭可能坚守传统，强调家族荣誉和集体利益；有的家庭则可能更加具有现代性，注重个人成长和自由。同样，社区的文化认同、价值偏好和社会关系网络也会极大地影响干预方案的接受度和实施效果。如果社会工作者忽视了这些文化差异，盲目推行标准化的

解决方案，很可能会遭遇服务对象的排斥和抵触，导致干预效果大打折扣。

2. 案例解析

在某城市的老年人社区项目中，社会工作者原本计划通过定期的健康讲座、兴趣小组活动和心理咨询服务来提升老年人的生活满意度。然而，他们很快发现，这个社区的老年人对这些标准化活动的参与度并不高。通过与老年人的深入交流，社会工作者了解到，这个社区的老年人更看重家庭和邻里关系，他们更渴望的是与家人和邻居的互动与交流。于是，社会工作者迅速调整了项目方案，增加了家庭聚餐、邻里互助小组等以家庭和社区为中心的活动。这一调整不仅极大地提高了老年人的参与度，还增强了社区的凝聚力和归属感。

同样，在另一个针对移民社区儿童教育支持的项目中，社会工作者也遇到了类似的挑战。他们发现，尽管提供了标准化的课后辅导和学习资源，但许多家长并不积极参与。通过深入访谈，社会工作者了解到这些家庭的文化背景对教育有着独特的理解。在他们的文化中，教育不仅仅是学校的责任，家庭教育和社区支持同样重要。于是，社会工作者再次调整了项目方案，增加了家长参与的环节，并邀请社区文化领袖共同参与项目设计。这一调整不仅提高了家长的参与度，还有效提升了儿童的学习表现。这些案例生动地展示了社会工作者在实践中如何根据服务对象的具体情境和背景进行灵活调整的重要性。它要求我们不仅要具备扎实的专业知识和技能，还要拥有敏锐的洞察力和高度的灵活性。在实践中，我们需要不断反思和调整我们的干预策略，以确保它们能够真正符合服务对象的需求和期望。

3. 从标准化到情境敏感是循证社会工作实践的未来趋势

循证社会工作从标准化到情境敏感的转变标志着循证实践的

深刻变革。这不仅仅是一种方法论的调整，更是对服务对象及其所处环境本质性理解的深化。情境敏感的实践不仅体现在在方法的选择上将定性研究、叙事分析、深度访谈等方法与标准化测量相结合，更体现在对整个社会生态系统的深入理解和综合考量上。通过情境敏感的实践策略，社会工作者可以从多个层面全面地把握问题根源。首先，借助灵活多变的定性方法，可以更深入地挖掘服务对象的内在经验和情感诉求，了解他们对困境的独到视角和解决问题时所拥有的潜在资源。其次，情境敏感的干预需要深挖服务对象所处微观和宏观环境因素，实现个体需求与社会资源之间的有效衔接。再次，此类策略强调动态反馈和持续调整，使干预措施能够不断适应服务对象不断变化的生活状况和社会环境，从而实现精准介入。最后，从标准化到情境敏感的转变也代表着循证社会工作者角色的转向，即从简单的技术执行者转变为具备高度敏感性和同理心的多元化实践专家。他们不仅仅需要掌握科学实证的方法和数据分析的技能，更要具备敏锐的观察力、深入的文化理解和对个体故事的热情解读。总之，情境敏感的实践强调整体与部分的有机统一，注重个体内在体验与社会结构之间的互动，致力于在充分尊重多样性与个体差异的基础上，构建一个更加公平、包容且富有弹性的社会工作体系。

第五章　循证实践中的伦理问题

第一节　证据和道德

一　证据和道德的冲突

循证社会工作涉及的证据和道德是两个不同的系统。证据是基于科学方法和数据分析，能够提供客观、可重复和可验证的数据与信息，是决策与实践的基础。道德是基于价值观和伦理的实践原则，指导社会工作的服务行为和决策，增进社会正义和人类福祉。

在循证社会工作中，证据和道德相互补充与支持。一方面，证据提供支持道德决策和行动的科学依据。例如，在有关空巢老人服务的案例中，社会工作者通过检索和评价证据，了解社区空巢老人的需求，获取最佳研究证据，以此为基础提供专业服务。这表明，证据收集和评估支持了社会工作者根据科学证据做出符合道德的决策。另一方面，道德为证据提供伦理指导和框架，以确保证据的应用符合社会伦理和价值观。例如，社会工作者在提供服务时，需要遵循保密、尊重自决等伦理原则，即使是在应用证据时也不例外。

然而，有时候证据系统和道德系统之间也可能存在冲突。在某些情况下，科学证据可能会指出某种做法是有效的，但这种做法可能会违背某些伦理原则或价值观。例如，对于有自杀风险的个体，证据支持的实践可能包括限制他们的自由以降低自杀风险，但这可能侵犯了他们的个人选择和自由。在这种情况下，我们需要综合考虑证据和道德，权衡不同的利益和价值观，做出最合适的决策。

二　证据和道德冲突的表现

（一）决策依据方面

循证社会工作强调依据科学研究证据进行决策，注重数据的客观性和可重复性。道德则更侧重于价值观和伦理原则，关注人的尊严、权利和福祉。在决策过程中，道德考量可能会与基于证据的决策在资源分配、服务对象选择等方面产生冲突。例如，社会工作者在为一个社区提供心理健康服务时，科学研究证据表明认知行为疗法对某些心理健康问题非常有效。然而，社区中的一些成员可能更倾向于精神动力学治疗，因为它更符合他们的文化信仰和价值观。在这种情况下，社会工作者可能会在采用证据支持的干预方法和尊重社区成员的价值观之间感到冲突。

（二）服务对象权益方面

循证社会工作会关注服务效率和效果，从而在一定程度上有可能会忽视服务对象的个别需求和权益。例如，在为青少年提供预防药物滥用的服务中，循证实践可能表明群体干预是一种有效的预防方法。但是，这种群体干预可能忽视了那些因为害羞或社会焦虑而不愿意参与群体活动的青少年的个别需求。社会工作者就可能需要在追求群体干预的效益和满足个体需求之间找到平衡。

（三）干预方法选择方面

科学研究的证据可能会推荐某些特定的干预方法或技术，认为它们在大多数情况下是有效的。然而，这些方法可能与服务对象的文化背景、价值观或个人意愿相冲突，从而引发道德困境。因为道德要求社会工作者在选择干预方法时，充分考虑服务对象的意愿和感受，确保干预过程是自愿、平等和尊重的。这可能导致社会工作者在遵循证据和尊重服务对象意愿之间面临艰难的选择。例如，研究表明，某些家庭治疗干预对于改善亲子关系非常有效。然而，一些家庭可能由于文化或宗教原因拒绝参与家庭治疗。在这种情况下，社会工作者需要在采用证据支持的干预方法和尊重家庭文化之间做出选择。

（四）资源分配方面

循证社会工作可能会根据成本效益分析来分配资源，将有限的资源投入那些被认为能够产生最大效益的项目或服务中。然而，这种分配方式可能会忽视一些弱势群体的需求，导致社会不公平。因为道德强调公平、正义和关爱弱势群体，要求资源分配应该考虑到每个人的基本需求和权利，而不是考量社会工作投入资源的效益最大化。这就可能与证据为本的资源分配方式产生冲突。例如，一个社会服务机构可能面临预算限制，需要决定如何分配资源。证据可能表明，将资源集中在预防项目上比集中在干预项目上能获得更大的社会效益。但是，这可能导致那些已经需要干预服务的个体得不到足够的支持。社会工作者就需要在追求成本效益和满足现有服务需求之间找到平衡。

（五）专业责任方面

循证社会工作要求社会工作者遵循科学研究的方法和结论，

以确保服务的有效性和专业性。然而，在某些情况下，科学证据可能并不明确或存在争议，这就给社会工作者带来了专业责任上的困惑。道德要求社会工作者在面对不确定的情况时，依然要坚守职业道德和伦理原则，为服务对象做出正确的决策。这种对专业责任的不同理解可能会导致证据为本与道德之间的冲突。例如，在处理家庭暴力案件时，证据可能推荐使用特定的风险评估工具来预测暴力行为的可能性。然而，这些工具可能并不完善，有时可能会错误地将某人标记为高风险或低风险。在这种情况下，社会工作者需要在依赖证据支持的工具和根据专业判断采取行动之间做出决策，同时考虑到可能对服务对象造成的影响。

三　证据和道德冲突的抉择

在处理证据系统和道德系统之间的冲突时，社会工作者可以采用以下几种伦理抉择方法。

（一）程序模式

程序模式（Process Model）是一种相对线性、过程化的思考模式，与原则为本的伦理理论基础相呼应。它认为社会工作是理性的，处理伦理问题应当有通用的、普遍化的伦理决策程序模式及流程。例如，左瓦尔斯（Goovaerts）提出的伦理决策步骤包括：明确伦理问题的事实、识别受影响的利益方、考虑替代方案、得出结论和做出决定、评估与反思。例如，社会工作者小李在为一位独居老人提供服务时，发现老人的居住环境存在安全隐患，但老人因担心搬迁成本而拒绝。小李按照程序模式的步骤来处理这一冲突：首先明确问题事实（居住环境不安全），识别利益方（老人、社会工作机构、社区），考虑替代方案（改善居住条件、提供安全教育、寻找经济支持），做出决定（制订一个包含经济支持的居住安全改善计划），并评估与反思（跟踪计划的执行效果，调整策略）。

（二）反思模式

反思模式（Reflective Model）强调社会工作是有温度的职业，是兼具理性与感性的，具备关怀和同理心至关重要。科里（Corey）提出的反思型伦理决策步骤包括：指出伦理难题所在、澄清潜在问题、检索相关伦理守则、了解适用的法律法规、获得专业人士的咨询意见、考察和反思决策的可行性、权衡不同决定的影响结果、选择适当的行动。例如，在为一个青少年群体提供服务时，社会工作者小张发现，尽管研究证据推荐了一种有效地预防吸毒的干预方案，但这个方案可能让青少年感到被标签化，引起他们的反感。小张通过反思模式来处理这一问题：她首先指出了伦理难题（干预方案可能伤害青少年的自尊），然后澄清潜在问题（如何平衡干预效果与青少年的自我认同），检索相关伦理守则（尊重、自决权），了解法律法规，咨询专业人士意见，考察和反思决策的可行性，最终选择一个既能有效预防吸毒，又尊重青少年个体差异的行动方案。

（三）文化模式

文化模式（Cultural Model）强调社会工作者在解决伦理问题前，需要优先考虑伦理问题所处的文化脉络及社会背景。这要求社会工作者具备一定的文化敏锐度，并在决策过程中考虑文化差异及文化影响。例如，社会工作者小王在为一个移民搬迁的家庭提供服务时，遇到了一个难题：虽然证据表明某种家庭治疗模式对于改善家庭关系非常有效，但这个模式与移民搬迁家庭的文化背景和信仰相冲突。小王采用文化模式来处理这一冲突，她深入了解该家庭的文化传统和价值观，调整干预方案以适应这个家庭的文化特点，并与家庭一起工作，确保干预措施既科学有效，又尊重他们的文化习俗。

（四）综融模式

综融模式（Inclusive Model）将以上几种模式串联起来，综合考虑社会工作者的责任、批判性反思、文化敏感性以及他人的咨询意见。这个模式具体包括澄清伦理两难问题、全面评估、全面收集信息、基于掌握的资料和信息形成初步的伦理决策、批判性反思、分析及评估。例如，社会工作者小赵在工作中遇到了一个涉及资源分配的难题：一个资源有限的社区中有两个群体都需要这些资源。一个群体是老年人，证据显示他们需要更多的健康教育资源；另一个群体是低收入家庭，他们需要职业培训资源。小赵采用综融模式来处理这一问题，她澄清了伦理两难问题（资源分配的公平性），全面评估了两个群体的需求，收集了相关证据和社区的意见，基于这些信息形成了初步的伦理决策，进行了批判性反思，并分析评估了不同决策方案的影响，最终提出了一个既能满足老年人健康教育需求，又能保证低收入家庭获得职业培训资源的综合方案。

第二节　证据为本与服务对象自决

一　证据为本与服务对象自决的冲突

循证社会工作强调以科学研究证据为基础进行实践，其目的是提高社会工作的专业性和有效性，确保为服务对象提供最佳的服务。然而，服务对象自决作为社会工作的核心价值观之一，强调服务对象有权利自主决定自己的生活和未来。当证据为本的原则与服务对象自决发生冲突时，社会工作者面临着艰难的抉择。

一方面，如果社会工作者完全遵循证据为本的原则，可能会忽视服务对象的独特性和自主性，导致服务对象的需求得不到充分满足。例如，根据科学研究证据，某种干预方法可能对大多数服务对象有效，但对于特定的服务对象来说，可能并不适用。如果社会工作者强行采用这种治疗方法，可能会侵犯服务对象的自决权。

另一方面，如果社会工作者完全尊重服务对象自决，可能会忽视科学研究证据的重要性，导致实践的科学性和有效性降低。例如，服务对象可能因为缺乏专业知识或受到情绪的影响，做出不恰当的决策。如果社会工作者完全听从服务对象的决定，可能会影响服务的质量和效果。

二　证据为本与服务对象自决的伦理冲突表现

(一) 服务对象自决受限的冲突

在循证社会工作中，证据为本的原则有时会导致服务对象自决受到限制。这主要体现在以下两个方面。

1. 知识限制自决

服务对象往往由于自身知识的有限性，在面对复杂的社会问题和专业的干预方案时，难以做出完全符合自身利益的决策。例如，在医务社会工作领域，服务对象可能对各种治疗方法的优缺点缺乏了解，而社会工作者依据科学研究证据推荐的治疗方案可能与服务对象的直观感受或期望不符。换言之，在某些干预方案的干预方法的选择中，一些服务对象未必能够准确理解不同干预方法的潜在风险和优势。这种知识上的差距使服务对象在自决时面临困难，他们可能会因为对专业知识的不了解而犹豫不决，甚至做出错误的决定。同时，循证社会工作强调的科学研究证据通常是基于大规模的样本和严格的实验设计得出的，对于个别服务对象的特殊情况可能考虑不足。这进一步加剧了服务对象有限知识与自决权利的矛盾。

2. 利益相关方影响自决

服务对象在做出决策时，常常会受到其他利益相关方的影响，无法真正实现自决。在循证社会工作中，这种利益相关方的影响可能来自多个方面。一方面，服务对象的家人、朋友等可能基于自身的价值观和利益考虑，对服务对象的决策施加压力。例如，在老年社会工作中，子女可能出于经济或照顾方便等原因，反对老人选择独立生活的方式，而倾向于将老人送入养老院。另一方面，社会工作者本身也可能在不经意间影响服务对象的自决。虽然社会工作者应该秉持客观中立的态度，但在实际工作中，由于对科学研究证据的依赖和专业判断的影响，可能会在与服务对象的互动中传递出某种倾向性，从而影响服务对象的决策。例如，社会工作者在介绍不同的干预方案时，可能会不自觉地强调某些方案的优势，而忽视其潜在的风险，这就可能导致服务对象在决策时受到误导。此外，社会文化环境也会对服务对象的自决产生影响。在一些强调集体主义的文化中，个人的决策往往需要考虑家庭、社区等集体的利益，这就可能限制服务对象的自决权利。

（二）多元利益冲突

在循证社会工作中，证据为本与服务对象自决还存在多元利益冲突。

1. 服务对象利益与多元主体责任冲突

以老年社会工作中的伦理冲突为例。一方面，老年服务对象作为直接服务对象，其利益应得到最大化的保障。另一方面，在实践中，社会工作者需要面对多个利益主体，包括老年服务对象的家人、工作者所在的社会工作者机构、机构内的同事等。不同的利益主体常常会发生冲突。例如，一位高龄患病老人可能需要由专业的护工照顾，送进医养结合的养老院是对服务对象最好的选择，但老年人子女家庭的经济状况并不好，老年人自己的收入和积蓄也无法负担养老院的费用。此时，社会工作者陷入服务对象利益最大化原则与对多元主体负责冲突的困境。一方面，要考虑服务对象的健康和生活质量；另一方面，要顾及家属的经济承受能力和其他利益相关方的需求。这种多元利益的冲突使社会工作者在遵循证据为本和保障服务对象自决权时面临巨大挑战。

2. 隐私权与知情同意权冲突

在循证社会工作中，服务对象的隐私权与家属的知情同意权也可能产生冲突。以医务社会工作为例，当服务对象患有严重疾病时，家属往往希望了解病情以便更好地照顾服务对象，但服务对象可能出于各种原因不愿意让家属知道自己的病情。此时，社会工作者面临两难选择。如果尊重服务对象的隐私权，不告知家属病情，可能会影响家属对服务对象的照顾和支持；如果告知家属病情，又可能会侵犯服务对象的自决权。此外，在一些情况下，服务对象的隐私权还可能与社会公共利益产生冲突。例如，在涉及公共安全的案件中，社会工作者可能需要在一定程度上披露服务对象的信息，以保障社会公共安全。这种隐私权与知情同意权的冲突，进一步加剧了证据为本与服务对象自决的伦理困境。

三　伦理冲突的解决方法

（一）信息披露与沟通

社会工作者加强与各利益相关方的信息披露和沟通，有助于做出正确的伦理决策。在实践中，社会工作者应向服务对象充分披露科学研究证据的内容和局限性，以及不同干预方案的潜在风险和收益。同时，也要倾听服务对象的需求、担忧和期望，了解他们对不同方案的看法和选择倾向。例如，在儿童社会工作中，当面临儿童负向行为干预方案的选择时，社会工作者可以向家长和孩子详细介绍各种方案的特点，包括各种干预方式的优缺点。通过这种信息披露和沟通，社会工作者可以帮助服务对象更好地理解自己的处境，提高他们在决策过程中的参与度。

此外，社会工作者还应与其他利益相关方进行沟通，如服务对象的家人、社区组织、医疗机构等。了解他们的观点和利益诉求，共同探讨解决方案，以提高决策的满意度和可持续性。例如，在处理青少年心理健康问题时，社会工作者可以与学校老师、家长和心理医生进行沟通，共同制定适合青少年的干预方案。

（二）伦理协商

采取伦理协商的方法，可以帮助社会工作者找到平衡各方权益的方案。伦理协商是一个多方参与的过程，包括服务对象、社会工作者、利益相关方等。在协商过程中，各方应秉持尊重、平等、公正的原则，充分表达自己的观点和利益诉求。通过对话和讨论，共同寻找解决方案，以最大限度地满足各方的利益。

例如，在社区发展项目中，当涉及土地使用规划时，可能会出现居民、开发商和政府部门之间的利益冲突。社会工作者可以组织伦理协商会议，邀请各方代表参与，共同探讨如何在保护居民权益的同时，实现社区的可持续发展。在协商过程中，社会工作者可以发挥协调和引导的作用，帮助各方找到共同的利益点，制订符合各方利益的解决方案。

四　示例

（一）案例背景

社会工作者小李负责为一位空巢老人提供社会服务。这位老人长期独居，逐渐出现了抑郁情绪。在进行循证实践的过程中，小李发现参与团体活动能有效改善类似情况的老人的心理健康状况。因此，小李建议老人参加社区的老年集体活动，希望通过集体活动帮助老人缓解孤独感和抑郁情绪。然而，老人由于身体原因和个人习惯，对参与集体活动感到不适，他更倾向于在家中按个人兴趣活动。这一情况导致出现了证据为本原则与服务对象自觉原则之间的冲突。

（二）伦理冲突的体现

社会工作者小李面临的主要伦理冲突是证据为本与服务对象自决之间的矛盾。一方面，小李作为专业的社会工作者，依据循证实践的研究成果，推荐老人参与集体活动，这是出于对老人心理健康状况改善的考虑。另一方面，老人的个人意愿是在家中进行个人兴趣活动，这是服务对象自决原则的体现，即尊重和支持服务对象的自主选择与决策权利。

（三）伦理处理策略

1. 沟通与协商

社会工作者小李首先需要与老人进行充分的沟通，解释集体活动对改善心理健康状况的潜在好处，同时倾听老人对于参与集体活动的顾虑和偏好。通过沟通，小李更好地理解了老人的需求和期望，从而为后续的服务设计提供了依据。

2. 个性化方案

结合循证实践的研究成果和老人的个人意愿，小李可以设计一个包含集体活动和个人兴趣活动的混合方案。例如，可以安排老人在家中按自己兴趣活动的同时，逐步引入小型的、低强度的集体活动，让老人在一个舒适和可控的环境中逐步适应集体活动。

3. 尊重与支持

小李应尊重这位老人的选择，即使最终的服务方案不是完全基于证据的最佳实践，也应支持老人的决定。在实践中，小李需要不断调整服务计划，以确保老人的福祉得到提升。

4. 持续评估

在开展服务过程中，小李应持续评估服务效果，包括老人的心理健康状态、参与活动的积极性以及整体的生活满意度。根据评估结果，小李可以及时调整服务计划，确保服务的有效性和适宜性。

第三节　个别化的服务与社会公平正义

一　个别化服务与社会公平正义的冲突

社会工作中个别化服务强调根据每个服务对象的独特需求和情况提供服务。例如，在面对不同背景、不同问题的服务对象时，社会工作者可以根据他们的文化、价值观、生活经历等因素，制订出适合他们的干预计划。

然而，对社会公平正义的追求则要求社会工作者关注社会的不平等和不公正现象，致力于推动社会的公平和正义。这意味着社会工作者需要从宏观层面考虑社会问题，采取行动来改善社会环境，促进社会资源的公平分配。例如，在处理贫困、歧视、社会排斥等问题时，社会工作者需要倡导政策变革，推动社会制度的完善，以实现社会公平正义的目标。

个别化服务与社会公平正义的伦理冲突在循证社会工作实践中表现得较为复杂。一方面，个别化服务要求社会工作者充分考虑服务对象的独特需求和情况，这可能导致资源在不同服务对象之间的分配不均衡。例如，当资源有限时，为了满足个别服务对象的特殊需求，可能会减少对其他服务对象的投入，从而影响社会公平正义的实现。另一方面，过度强调社会公平可能会忽视服务对象的个体差异，导致干预措施缺乏针对性和有效性。

二　解决个别化服务与社会公平正义的冲突

此外，解决个别化服务与社会公平正义之间的冲突，社会工作者还可以采取以下策略。

第一，加强与服务对象的沟通和合作。通过深入了解服务对象的需求和期望，社会工作者可以更好地制订个性化的服务方案，同时也能让服务对象理解社会正义的重要性，增强他们对社会整体利益的关注。

第二，推动多部门合作。社会工作者可以与政府部门、企业、社会组织等各方合作，共同解决社会问题，实现个别化服务与社会正义的有机结合。例如，在解决贫困问题时，社会工作者可以与政府部门合作，推动政策的制定和实施，同时为贫困家庭提供个性化的帮扶服务。

第三，加强社会工作者的专业培训也很关键。通过培训，提高社会工作者对个别化服务与社会公平正义伦理冲突的认识和理解，增强他们的伦理决策能力。同时，培训也可以帮助社会工作者掌握更多的实践技巧和方法，更好地应对伦理冲突。

三　示例

（一）案例描述

患者张先生是一位 45 岁的工人，最近被诊断出患有晚期肺癌。他的妻子失业，家中还有两个正在上学的孩子。张先生的家庭经济状况非常差，无法承担高昂的医疗费用。社会工作者小李负责张先生的个案。

小李首先对张先生的家庭情况进行了详细评估，了解到他们面临的经济压力和张先生对治疗的迫切需求。小李为张先生寻求了慈善救助和医疗救助，以确保他能够得到及时治疗。此外，小李还为张先生的家庭提供了心理支持和资源支持，帮助他们应对疾病带来的情绪和生活压力。

然而，小李也意识到，医疗资源是有限的，如果为张先生提供过多的资源，可能会影响其他患者获得必要的医疗资源。因此，小李在为张先生争取资源的同时，也积极参与到医院的资源分配讨论中，提出基于公平原则的资源分配建议。

（二）伦理冲突与抉择

在张先生的治疗过程中，出现了一个棘手的问题。张先生的家属强烈要求采取一切可能的治疗措施，即使这些措施可能会带来巨大的痛苦和风险。社会工作者小李在尊重患者和家属意愿的同时，也必须考虑到医疗资源的合理分配和社会整体利益。

在这个案例中，社会工作者小李采取了以下措施来处理这一冲突。

（1）聚焦资源的合理分配，即确保张先生能够获得必要的医疗资源，同时这些资源的分配不会对其他患者造成不公平。

（2）制订综合服务计划，即提供一个既满足张先生需求又考虑到资源公平分配的干预计划。

（3）重视风险和收益的权衡，即在尊重家属意愿的同时，考虑到服务计划可能带来的痛苦和风险，以及对医疗资源的影响。

（4）持续评估与反馈，即通过持续的评估来确保服务计划的有效性，并根据反馈进行调整，以实现最佳的服务效果和资源利用。

这个案例展示了在资源有限的情况下，社会工作者需要在尊重个体需求与维护社会整体利益之间找到合适的平衡点。在社会工作者小李的努力下，张先生得到了必要的治疗，同时也没有过度占用医疗资源。

第六章　循证社会工作在不同领域的应用

第一节　儿童保护与家庭服务

一　循证社会工作在儿童保护中的运用

（一）循证社会工作在儿童保护中面临的挑战

社会经济、文化的迅速发展带来了家庭结构和功能的重大变化。家庭问题不再仅仅是私人领域的事务，而且对社会的稳定、社会行为的导向以及社会价值观产生了重要而深远的影响。儿童作为家庭的重要成员，他们的成长和发展与家庭环境密切相关。然而，现实中儿童保护与家庭服务面临诸多挑战。儿童虐待、儿童走失与拐卖、单亲家庭、儿童网络安全、自闭多动等特定儿童的保护与支持、儿童食品安全教育等复杂的问题，使传统的社会工作方法在解决儿童保护与家庭服务问题时，有时显得力不从心。循证社会工作作为一种全新的科学理念和实践模式，为解决儿童保护与家庭服务问题提供了新的思路和方法。但是同时也面临着诸多挑战。

1. 证据的获取和评估不足

首先，科学研究证据的有限性。目前，关于儿童保护的科学研究还比较有限，尤其是针对特定群体或问题的研究更是缺乏。

这给循证社会工作者在获取和评估证据时带来了困难。

其次，证据的质量和适用性需要重视。即使能够获取一些科学研究证据，也需要对其质量和适用性进行评估。有些研究可能存在方法上的缺陷或结果的不确定性，需要谨慎使用。此外，不同地区、不同文化背景下的儿童保护问题可能存在差异，需要考虑证据的适用性。

2. 专业知识和实践经验的整合不足

首先，需要专业知识的更新和拓展。儿童保护领域的知识和理论不断发展与更新，社会工作者需要不断学习和掌握新的专业知识与技能。然而，由于时间和精力的限制，社会工作者往往难以及时跟进最新的研究成果和实践经验。

其次，需要实践经验的总结和提炼。实践经验是循证社会工作的重要组成部分，但实践经验往往是零散的、个体化的，需要进行总结和提炼，才能转化为可推广的经验和模式。然而，由于缺乏有效的总结和提炼方法，实践经验的价值往往难以充分发挥。

3. 服务对象的参与和合作不充分

首先，服务对象的认知可能会影响他们对循证社会工作的理解和参与度。有些服务对象可能对科学研究证据缺乏信任，或者缺乏参与服务计划制订和实施的能力与意愿。

其次，不同的服务对象可能有不同的需求和期望，循证社会工作需要充分考虑服务对象的需求和期望，制订个性化的服务计划。然而，在实际工作中，由于时间和资源的限制，社会工作者往往难以充分了解服务对象的需求和期望，导致服务计划的针对性和有效性不足。

4. 资源的限制和分配

首先，资源有限。儿童保护工作需要大量的人力、物力和财力资源，但资源往往是有限的，难以满足实际需求。这给循证社会工作的实施带来了困难。

其次，资源的分配不均。不同地区、不同群体之间的资源分配往往存在不均等的情况，这也会影响循证社会工作的实施效果。例如，一些贫困地区或弱势群体可能难以获得足够的资源支持，从而导致服务质量和服务效果下降。

（二）循证社会工作在儿童保护中的具体应用

1. 儿童需求评估

（1）收集科学研究证据。循证社会工作者可以通过查阅相关的科学研究文献、报告和数据，了解儿童保护领域的最新研究成果和实践经验。这些证据可以为儿童需求评估提供科学依据。

（2）进行实地调查和访谈。循证社会工作者可以通过实地调查和访谈的方式，了解儿童的生活环境、家庭状况、心理状态等方面的情况。这些信息可以为儿童需求评估提供具体的案例和数据支持。

（3）运用专业评估工具。循证社会工作者可以运用专业的评估工具，如儿童行为量表、心理测试等，对儿童的行为、心理和发展状况进行评估。这些工具可以为儿童需求评估提供量化的数据和指标。

（4）综合分析评估结果。循证社会工作者需要对收集到的科学研究证据、实地调查和访谈信息以及专业评估工具的结果进行综合分析，确定儿童的具体需求和问题。同时，还需要考虑儿童的个体差异和特殊需求，制订个性化的服务计划。

2. 干预措施制定

（1）依据科学研究证据选择干预方法。循证社会工作者可以根据儿童需求评估的结果，选择最有效的干预方法。这些干预方法可以来自科学研究文献、专业实践经验或成功案例。例如，对于遭受虐待的儿童，可以采用心理治疗、家庭辅导等干预方法；对于贫困家庭的儿童，可以提供经济援助、教育支持等干预措施。

（2）制订个性化的干预方案。循证社会工作者需要根据儿童的个体差异和特殊需求，制订个性化的干预方案。这些方案应该包括具体的干预目标、方法、步骤和时间安排等。同时，还需要考虑干预方案的可行性和可持续性，确保干预措施能够得到有效实施。

（3）持续评估和调整干预方案。循证社会工作者需要对干预方案的实施效果进行持续评估和调整。如果发现干预方案存在问题或效果不佳，需要及时调整干预方法和方案，以提高干预的质量和效果。

3. 资源整合

（1）整合内部资源。循证社会工作者可以整合机构内部的资源，如人力、物力和财力资源，为儿童保护工作提供支持。例如，可以组织志愿者团队、开展募捐活动等，筹集资金和物资；可以培训和调配机构内部的工作人员，提高服务质量和效率。

（2）整合外部资源。循证社会工作者可以整合外部的资源，如政府部门、社会组织、企业等，为儿童保护工作提供支持。例如，可以与政府部门合作，争取政策支持和资金投入；可以与社会组织合作，开展联合项目和活动；可以与企业合作，争取捐赠和赞助。

（3）建立资源共享平台。循证社会工作者可以建立资源共享平台，促进不同机构和部门之间的资源共享与合作。例如，可以建立儿童保护信息数据库，共享儿童保护领域的信息和资源；可以建立合作网络，促进不同机构和部门之间的交流与合作。

4. 专业人员培养

（1）提供专业培训。循证社会工作者可以为从事儿童保护工作的专业人员提供专业培训，提高他们的专业素养和能力。这些培训可以包括循证社会工作的理论和方法、儿童保护的法律法规和政策、儿童心理和发展等方面的知识与技能。

（2）开展实践指导。循证社会工作者可以为从事儿童保护工作的专业人员提供实践指导，帮助他们将理论知识转化为实际行动。这些指导可以包括案例分析、实地观摩、小组讨论等形式，让专业人员在实践中学习和成长。

（3）建立专业支持网络。循证社会工作者可以建立专业支持网络，为从事儿童保护工作的专业人员提供支持和帮助。这些网络可以包括同行交流平台、专家咨询服务等，让专业人员在遇到问题时能够及时得到支持和帮助。

（三）循证社会工作在儿童保护中应用的案例

1. 案例背景

某社区有一名 8 岁的儿童小明，父母离异，跟随父亲生活。父亲因工作繁忙，对小明疏于照顾，小明经常一个人在家，感到孤独和无助。同时，小明在学校表现不佳，学习成绩落后，与同学关系紧张。社会工作者了解到小明的情况后，决定采用循证社会工作的方法为他提供帮助。

2. 需求评估

（1）收集科学研究证据。社会工作者查阅了相关的研究文献，了解到离异家庭儿童可能面临的心理问题和发展困境，以及有效的干预方法。

（2）进行实地调查和访谈。社会工作者对小明及其父亲进行了实地调查和访谈，了解了他们的生活状况、心理状态和需求。通过访谈，社会工作者了解到小明渴望得到父亲的关爱和陪伴，同时也希望在学校交到朋友，提高学习成绩。

（3）运用专业评估工具。社会工作者运用儿童行为量表和心理测试等专业评估工具，对小明的行为和心理状况进行了评估。评估结果显示，小明存在一定程度的孤独感、自卑感和学习困难。

（4）综合分析评估结果。社会工作者对收集到的科学研究证据、实地调查和访谈信息以及评估结果进行了综合分析，确定小明的具体需求和问题。小明的主要需求包括情感支持、学习辅导和社交技能培训。

3. 干预措施制定

（1）依据科学研究证据选择干预方法。社会工作者根据小明的需求评估结果，选择了家庭辅导、学习辅导和社交技能培训等干预方法。这些干预方法来自科学研究文献和专业实践经验，被证明对解决离异家庭儿童的心理和发展问题具有较好的效果。

（2）制订个性化的干预方案。社会工作者为小明制订了个性化的干预方案。具体内容包括以下几点。

第一，家庭辅导。定期与小明的父亲进行沟通和交流，帮助他认识到自己在孩子成长中的重要作用，增加他对小明的关爱和陪伴。同时，组织亲子活动，增进父子之间的感情。

第二，学习辅导。联系学校老师，为小明提供学习辅导，帮助他提高学习成绩。同时，培养小明的学习兴趣和学习方法，提高他的自主学习能力。

第三，社交技能培训。组织社交技能培训活动，帮助小明学习如何与同学交往、合作和分享。同时，鼓励小明参加社区活动，扩大他的社交圈子。

第四，持续评估和调整干预方案。社会工作者对干预方案的实施效果进行了持续评估和调整。通过定期与小明及其父亲进行沟通和交流，了解他们的变化和需求，及时调整干预方法和方案。例如，在发现小明对绘画有兴趣后，社会工作者为他开展了绘画兴趣小组，让他在兴趣中提高社交技能和自信心。

4. 资源整合

（1）整合内部资源。社会工作者通过整合机构内部的资源来为小明提供帮助。例如，组织志愿者为小明提供学习辅导和陪伴；开展募捐活动，为小明筹集学习用品和生活用品。

（2）整合外部资源。社会工作者通过整合外部的资源来为小明提供支持。例如，与社区、学校合作，为小明提供学习辅导和心理支持；与社会组织合作，为小明开展社交活动和兴趣小组。

（3）建立资源共享平台。社会工作者建立了资源共享平台，促进不同机构和部门之间的资源共享与合作。例如，建立了社区儿童保护信息数据库，共享儿童保护领域的信息和资源；建立了合作网络，促进不同机构和部门之间的交流与合作。

二　循证社会工作在家庭服务中的运用

（一）循证社会工作在家庭服务中的优势

1. 提升服务决策质量

循证社会工作通过科学的方法收集和评估服务对象的现状，能够为服务决策提供准确的依据。例如，在处理家庭纠纷问题时，社会工作者可以通过详细了解家庭成员的需求、价值观以及矛盾产生的具体情况，制订更具针对性和有效性的解决方案。同时，将服务对象的价值观与工作关系进行整合，使决策更加符合服务对象的实际需求，提高服务对象对决策的接受程度和满意度。

2. 促进终身学习

在当今互联网时代，新媒体资源为服务对象提供了丰富的学习渠道。循证社会工作利用这些资源，支持服务对象进行自我导向的终身学习。据统计，部分服务对象在接受循证社会工作服务后，开始主动利用互联网资源学习解决家庭问题的方法和技巧。同时，这也促使社会工作者不断发现新的社会工作知识，提升自身专业素养。例如，通过在线学习平台，社会工作者可以了解到最新的家庭服务理念和方法，为更好地服务家庭提供支持。

3. 增强责任心

循证社会工作能够提高社会工作者的责任心。它强调家庭问题不再是私人问题，而是受到社会广泛关注的社会问题。社会工作者在面对家庭问题时，需要更加谨慎地运用科学证据，为服务对象提供高质量的服务。例如，在处理儿童教育问题时，社会工作者不仅要考虑家庭的实际情况，还要参考相关的科学研究成果，制订最适合孩子成长的教育方案。这种对科学证据的重视，促使社会工作者更加认真地对待工作，增强了责任心。

（二）循证社会工作运用于家庭服务的案例

假设社会工作者发现一个家庭存在虐待儿童的风险。社会工作者将首先与儿童及其家庭成员进行面谈，收集相关信息。然后，社会工作者会使用风险评估工具来评估儿童和家庭的风险水平。评估结果可能显示儿童处于高风险状态。

继而，社会工作者会根据寻找到的当前最佳干预证据与儿童及其家庭成员一起制订干预计划。这个计划可能包括提供儿童保护教育，教导家庭成员了解儿童权益和防止虐待儿童的方法。社会工作者还可能提供心理支持和家庭辅导，帮助家庭改善家庭氛围和亲子关系。

然后，社会工作者会与儿童和家庭成员一起实施干预计划，并定期监测和评估计划的效果。如果发现干预计划没有达到预期的效果，社会工作者可能会重新评估风险，并对干预计划进行调整，以确保儿童的安全和福祉。

在这个例子中，循证社会工作的理念体现在以下四个方面。第一，循证社会工作强调使用经过验证的、可靠的工具和方法来评估儿童及家庭的风险水平。这些工具是基于研究和实证证据开发的，能够提供客观和准确的评估结果。例如，社会工作者可以使用儿童创伤后应激反应的评估工具来了解儿童的创伤后应激反应程度，以指导干预计划。第二，基于实证证据的干预计划。循证社会工作强调基于实证证据制订干预计划。社会工作者会参考研究和实践中有效的干预方法与策略，如认知行为疗法、家庭治疗等，为儿童和家庭制订个性化的干预计划。这些计划是经过验证的，有助于提高干预的效果和可持续性。第三，监测和评估干预效果。循证社会工作强调持续地监测和评估干预计划的效果。社会工作者会定期对干预计划进行评估，以确保其对儿童和家庭的积极影响。如果发现计划没有达到预期的效果，社会工作者会重新评估风险，并对干预计划进行调整，以提高干预的效果。通过以上方式，循证社会工作确保了儿童保护与家庭服务领域的风险评估与干预计划是基于科学证据和实践经验的，能够提供有效的支持和保护，增进儿童的安全和福祉。第四，合作和整合。循证社会工作实践鼓励社会工作者与其他专业人士（如医生、心理咨询师、法律专家等）进行合作和整合。通过与不同领域的专家合作，社会工作者能够提供更全面、综合的支持和服务，以应对儿童虐待问题。

第二节　老年服务与长期照顾

一　循证社会工作在老年服务中的运用

（一）老年服务的特点

1. 多元化的服务内容

老年社会工作服务内容广泛，包括救助服务、照顾安排、适老化环境改造、家庭辅导、精神慰藉、危机干预、社会支持网络建设、社区参与、老年教育、咨询服务、权益保障、政策倡导、临终关怀等，可以全面满足老年人多样化的需求。

2. 专业的干预方法

老年社会工作运用多种专业方法，如缅怀治疗、人生回顾、现实辨识、动机激发、园艺治疗和照顾管理等，以满足老年人特定的心理和社会需求。

3. 强调风险管理和质量控制

老年社会工作服务过程中强调风险管理和质量控制，通过识别、分析关键过程并加以控制，确保服务的安全性和有效性。

4. 关注人员资质和持续教育

老年社会工作者通常需要具备专业的资质和经过持续的教育培训，以提高服务的专业性和适应性。例如，在专业资质要求方面，根据《老年社会工作服务指南》行业标准，老年社会工作者应具备以下资质：获得国家颁发的社会工作者职业水平证书，或具备国家承认的社会工作专业专科及以上学历。在持续教育培训方面，内容涉及政策趋势、理论知识和实务技巧等诸多方面。

5. 宏观层面的政策倡导和实施

社会工作在老年服务中还涉及政策倡导，通过研究、分析与老年人相关的法律法规及社会政策，向相关职能部门提出政策完善建议，促进老年服务政策的改进和发展。

（二）循证社会工作在老年服务领域的突出实践

1. 需求评估专业化

循证社会工作强调基于证据的需求评估，通过观察、访谈、问卷等方法收集老年人的需求信息，并进行科学分析。例如，在空巢老人服务中，社会工作者通过需求评估确定服务对象的具体问题，并检索相关的最佳研究证据，以提供针对性的服务。

2. 证据为本的干预

循证社会工作依据研究证据进行干预，这要求社会工作者不断更新自己的知识库，以确保所采取的干预措施是基于当前最佳证据的。这种干预可能包括医疗保健、心理支持、社会参与等多个层面。

3. 服务方案的设计与实施

在老年服务中，循证社会工作依据最佳证据设计服务方案，并结合社会工作者的专业技能和老年人的独特性来实施。例如，组建"老年关怀服务队"为社区"空巢老人"提供专业化服务。

4. 过程评估与结果评估

循证社会工作强调对服务过程和结果进行评估，以确保服务的有效性。过程评估关注服务实施的过程，而结果评估则关注服务的最终效果。这种评估有助于及时调整服务方案，以更好地满足老年人的需求。

5. 证据的反馈与积累

循证社会工作实践要求对社会工作的实践过程和结果进行总结，并将成功的实践经验反馈到证据库中，为未来的服务提供参考。这种积累有助于不断促进循证社会工作实践的发展。

6. 推动政策发展

循证社会工作不仅在实践层面发挥作用，还通过研究和评估结果影响政策制定，推动老年服务政策的发展和完善。例如，国务院在《"十四五"国家老龄事业发展和养老服务体系规划》中提出了构建城乡老年助餐服务体系、开展助浴助洁和巡访关爱服务等措施。这些类似政策的制定可以参考循证社会工作的研究成果。

二　循证社会工作在长期照顾中的运用

（一）概念

循证社会工作在长期照顾中的运用是指循证社会工作者针对老年人的照顾需求，通过寻找最佳证据，结合专业技能和服务对象的独特性，为老人提供健康照顾、康复训练等个性化的服务方案，提高老人的生活质量。它是一种将研究者、实践者、服务对象、管理者等纳入同一框架体系，由医生、护士、社会工作者、家属等共同参与，为老人提供全方位的照顾服务的跨学科合作服务模式。

长期照顾是由不同的社会主体共同构成的一种制度性服务。长期照顾服务可以分为正式照顾与非正式照顾。非正式照顾主要由家庭成员、亲戚、朋友等提供帮助。这种照顾模式具有灵活性和个性化的特点，能够根据老人的具体需求进行调整。例如，在日常生活中，家人可以为老人提供饮食、起居等方面的照顾，朋友可以陪伴老人聊天、解闷。然而，非正式照顾也存在一些局限性，如照顾者可能缺乏专业知识和技能，照顾质量难以保证；照顾者的时间和精力有限，可能无法满足老人的长期需求。

正式照顾则强调国家责任和社会责任，通过公共融资的方式向符合条件的申请者提供照顾服务。正式照顾的服务主体包括政府部门、非营利的社会组织和市场上的营利性机构。正式照顾具有规范性、专业性和可持续性的特点，能够为老人提供全方位的服务。例如，养老院可以为老人提供专业的生活照料和医疗照顾服务；社区服务中心可以为老人提供日间照料、康复训练等服务。

长期照顾模式主要分为三种：一是家庭照顾，一般由老人亲属在家庭中提供照顾服务；二是社区照顾，主要在社区内提供一定程度的服务与支持；三是机构照顾，由机构专业人员提供集中式照顾，如养老院、临终关怀机构等。

（二）长期照顾的特点

长期照顾具有多学科交叉、长期性、连续性、规范性、专业性等特点。长期照顾所涉及的学科包括医学、照顾学、康复学、心理学、社会学等。这些学科领域的知识和技能相互融合，为长期照顾提供了全面的支持。例如，医学和照顾学可以为老人提供疾病治疗和照顾服务；康复学可以为老人提供康复训练服务，帮助老人恢复身体功能；心理学可以为老人提供心理支持服务，帮助老人缓解心理压力；社会学可以为老人提供社会交往和参与服务，帮助老人融入社会。

循证社会工作在多学科交叉的长期照顾中发挥着桥梁作用。循证社会工作不但是以循证实践为方法指导，科学运用现有证据有效介入老人长期照顾，而且也结合多学科知识和技能，为长期照顾提供全面的支持。循证社会工作的介入，可以促进不同学科领域之间的交流与合作，整合各种资源，为老人提供更加优质的长期照顾服务。

例如，循证社会工作参与"医养结合"，突破医疗和养老服务壁垒。通过建立统一的健康智库平台，整合医学、社会工作等多学科的资源，为老人提供全方位的服务；通过整合医院、机构和社区三大主体之间的关系，根据健康证据提供的指南，结合服务对象的个体偏好和养老资源的特征，提供养老服务供给。如针对无亲人陪伴的失能老年人，循证社会工作者组织社区志愿者或专业护工，为老人提供日常照料和医疗照顾服务；对无亲人陪伴的失智者，建立专门的照护小组，提供个性化的康复训练和心理支持；依据老年人的年龄、体重、身高、病史、饮食习惯等因素进行评估，确定老年人的营养状况。制订个性化的营养支持计划，如调整饮食结构、补充营养素等。向老年人及其家属普及营养知识，提高他们的自我管理能力；依据老年人的年龄、病史、药物使用、居住环境等因素进行综合评估，确定跌倒风险等级，制定改善病房环境、正确使用助行器等有针对性的预防措施；依据老年人的情绪、认知、人际关系等因素进行评估，确定患者的心理状况，制订个性化的心理支持计划，进行心理咨询、心理疏导等。

长期照顾服务的特点如表 6-1 所示。

表 6-1　长期照顾服务的特点

内容	特点
照顾方式	以机构照顾为代表的正式照顾和以家庭照顾为主的非正式照顾为主
服务提供者	医护人员、保健师、康复治疗师、社会工作者等跨专业团队合作，共同服务老年人

内容	特点
服务内容	失能评估、个案管理、社区服务、用药管理、疾病管理、社区临终关怀、喘息服务、辅助设备和器械等多种服务；服务具有传递性和连续性
社会工作	关注长期照顾服务的优化和照顾质量的提升。基于多层次、综合性的需求评估，由第三方机构和社会工作者提供服务等
服务前期评估	依据相应的长期照顾评估体系，包含服务标准和规范准则等，如老年综合评估（CGA）、日常生活活动能力（ADL）
服务结果评估	采用科学、专业的评估工具；为政府和服务机构提供决策依据（不仅仅通过回访、探视等总结工作者和服务对象的主观感受）
证据智库	循证信息支持平台（Medskills）、循证精神卫生（EBMH）、Campbell协作网等

三 循证社会工作运用于老年服务与长期照顾的示例

社会工作者与一位患有阿尔茨海默病的老年人及其家人合作，提供干预服务。

社会工作者首先在综合评估方面开展工作。社会工作者会与这位老人及其家人进行面谈，收集其身体健康状况、认知能力、日常活动能力、社交支持系统等相关信息。社会工作者还可以使用专门的评估工具，如 Mini-Mental State Examination（MMSE）来评估老年人的认知功能。

然后在制订干预计划方面，社会工作者基于综合评估的结果，与老年人及其家人一起制订个性化的干预计划。例如，社会工作者可以提供关于饮食和营养的指导，鼓励老年人参与适度的体育锻炼，并提供预防措施，如安装防滑垫、安装护栏等，以减少跌倒风险；还可以帮助老年人进行日常活动、药物管理、监测健康状况等。此外，社会工作者还可以提供心理支持，帮助老年人和家人应对情绪困扰。

在具体服务开展方面，社会工作者以与养老院的医疗团队、康复中心、社区服务机构等合作，协调不同服务提供者之间的合作，以满足老年人的不同需求。如社会工作者可以协调康复师为老年人提供物理治疗，协助医生进行药物管理，联系社区服务机构提供社交活动，等等。

在监测和评估方面，社会工作者定期与老年人及其家人保持沟通，了解干预计划的实施情况和效果。社会工作者可以使用评估工具，如老年人生活质量评估量表（Quality of Life Scale for Elderly）来评估老年人的生活质量，并根据评估结果调整和改进干预计划。

在这个例子中，循证社会工作的理念体现在以下几个方面。

第一，综合评估。循证社会工作强调综合评估老年人的需求和情况。社会工作者通过面谈和使用评估工具，收集客观和准确的信息，以全面了解老年人的健康状况和需求，从而为制订个性化的干预计划提供科学依据。

第二，干预计划。循证社会工作基于实证证据和最佳实践制订干预计划，且社会工作者与老年人及其家人共同制订计划，可以将有效的照顾和支持策略应用于实际操作中，确保干预计划的科学性和有效性。

第三，协调服务。循证社会工作强调协调不同服务提供者之间的合作。社会工作者与养老院的医疗团队、康复中心、社区服务机构等合作，确保老年人获得全面和连续的照顾与支持。这种协调能够提供更细致、全面的服务，提高老年人的生活质量。

第四，健康预防。循证社会工作注重健康促进和预防措施的实施。社会工作者与老年人及其家人制订健康促进计划，提供指导和支持，预防老年人的健康问题和风险。这种预防性的干预有助于提高老年人的自主性和生活质量。

在这个例子中，循证社会工作的优势主要体现在以下方面。

第一，基于实证证据。循证社会工作基于科学研究和实践经验，使用经过验证的工具和方法进行评估与干预。这使得干预计划更加科学和有效，有助于提高老年人的生活质量和增强其幸福感。

第二，个性化的服务。循证社会工作强调个性化的服务。社会工作者通过综合评估，了解老年人的需求和风险，与老年人及其家人共同制订干预计划。这种个性化的服务能够更好地满足老年人的特定需求和期望。

第三，注重协调和整合。循证社会工作注重协调不同服务提供者之间的合作，确保老年人获得全面和连续的照顾与支持。这种协调和整合的优势有助于提供更细致、全面的服务，避免重复和断层。

第四，重视健康预防。循证社会工作注重健康预防措施的实施。社会工作者通过提供指导和支持，帮助老年人预防健康问题和风险。这种预防性的干预有助于提高老年人的自主性和生活质量。

综上所述，传统社会工作则更侧重于以人为本的关怀和支持。它强调与个人建立信任和合作关系，关注个人的需求和权益，并提供适当的支持和资源。传统社会工作通常根据社会工作者的经验和专业判断进行实践，而不一定依赖科学研究的证据。循证社会工作是一种基于实证研究和科学证据的社会工作实践方法。它强调将科学研究的证据与社会工作实践相结合，以确保所提供的服务和干预措施具有明确的效果与成效。循证社会工作注重评估和持续监测，以确保所采取的方法是有效的，并根据最新的研究发现进行调整。总之，循证社会工作在老年服务与长期照顾领域的优势主要体现在基于实证证据、个性化的服务、注重协调和整合以及重视健康预防方面。这些优势有助于提供更科学、有效和综合的支持与照顾，增进老年人的健康和福祉。

第三节　社区治理

一　社区治理领域的社会工作实践

（一）社会工作在社区治理中的作用

社会工作在社区治理中扮演着独特且重要的角色，其专业实践与社区治理的需求高度契合。在专业化服务提供方面，社会工作以其专业知识和技能，为社区治理中的特定问题提供解决方案。例如，社会工作可以在司法矫正、禁毒戒毒人员回归社会、贫困人群和家庭的生计福祉、儿童青少年的健康成长、老年人生命质量提升等领域提供个性化帮助和专业支持。在促进多元主体参与方面，社会工作强调党委领导、政府负责、社会协同、公众参与、法治保障、科技支撑的社区治理体系，通过动员和整合社会资源，促进不同社会主体的参与，形成社区治理的合力。在精细化服务方面，社会工作通过精细化服务，确保服务的针对性和有效性。这包括对问题的认识和判断基于多方证据，进行生态系统分析，制订可行的服务方案，并强调服务对象的参与。

在推动共建共享方面，社会工作通过促进服务型治理，帮助困难群体解决具体困难，增强其面对问题的能力，调节不同群体间的利益关系，促成善治，实现共建共享的社区治理。在提升社区治理能力方面，社会工作通过专业化的人力支撑，提升社区治理能力。社会工作者作为职业化的社区治理从业人员，为社区治理各个领域提供专业支持。在促进社会和谐方面，社会工作通过解决困难群体、困境群体的基本民生问题，促进社会和谐、实现社会公正，与共建共享的社区治理目标相通。在创新社会治理模式方面，社会工作在实践中可以发现社会问题和解决办法，提出创新的社会工作模式和方法，为共建共治共享的社区治理制度创新提供实践依据。在强化社区治理方面，社会工作在基层社区治理中发挥重要作用，通过社区服务、家庭辅导、心理咨询等工作，提升居民获得感和满意度，增强社区凝聚力。在助推现代社会建设方面，社会工作通过专业实践，有助于建成安全有序的社会，同时增强社会发展活力，助推秩序与活力相统一的现代社会建设。

（二）社会工作在社区治理中的实践

社区治理的过程涉及服务社区居民、协调社区利益、提供多元服务的过程，这与社会工作"助人自助，服务社会"的专业理念不谋而合。在社区治理中，社会工作者扮演着至关重要的角色，特别是在化解社区矛盾、开发利用社区资源、推动社区成员参与、推动不同主体协调合作等方面发挥着重要作用。

1. 化解社区矛盾

社会工作者可以运用多种策略和方法来化解社区矛盾。首先，建立有效的沟通机制是关键。社会工作者可以组织社区居民、相关利益方举办座谈会、协商会等，让各方有机会表达自己的观点和需求，促进相互理解。例如，在处理社区停车位紧张引发的矛盾时，社会工作者组织居民代表、物业和社区居委会进行座谈，共同探讨解决方案。其次，采用调解的方式。社会工作者凭借专业的调解技巧和中立的立场，帮助矛盾双方找到共同点，达成妥协。比如，在邻里纠纷中，社会工作者通过倾听双方的诉求，分析矛盾焦点，提出合理的解决方案，促使双方和解。再次，开展社区教育活动。通过举办法律知识讲座、道德讲堂等，提高居民的法律意识和道德素养，减少矛盾的发生。例如，开展社区普法活动，让居民了解自己的权利和义务，在遇到问题时能够通过合法途径解决。最后，发挥社区社会组织的作用。社区中的各种社会组织，如志愿者团队、文艺团体等，可以通过开展活动，增进居民之间的感情，缓解矛盾。例如，组织社区志愿者开展关爱困难家庭活动，让居民在互帮互助中增强凝聚力。

社会工作者解决社区问题对社区稳定产生了积极影响。一方面，问题的解决提高了社区居民的生活质量。例如，解决了社区环境卫生问题，居民的居住环境得到改善，身心健康得到保障。另一方面，增强了社区的凝聚力。当居民看到社区问题解决后，会对社区产生更强的认同感和归属感，更加积极地参与社区事务。例如，在解决社区公共设施损坏问题后，居民自发组织成立了社区维护小组，定期检查和维护公共设施。此外，问题的解决还有助于维护社区的和谐稳定，为居民营造安全、和谐的生活环境。总之，社会工作在化解社区矛盾、解决问题方面发挥着重要作用，为社区的稳定和发展做出了积极贡献。

2. 开发利用社区资源

社会工作者可以采取多种途径开发社区内外资源。首先，借助文献资料，查阅社区的简介、以往的服务记录、资源清单等，了解社区的资源分布和使用等情况。例如，在某社区，社会工作者通过查阅文献，发现社区内有一家闲置的艺术工作室，经过与工作室的主人沟通，将其改造成社区儿童艺术培训中心，为孩子们提供了丰富的课外活动资源。

其次，进行社区漫步调查。通过走访、观察，挖掘社区资源。如与社区居民基本需求服务相关的银行、超市、理发店、早教中心、艺术培训学校等，一般都是沿街设置或在非常明显的区位，通过社区漫步，社会工作者能非常容易地发现和识别。比如，社会工作者在社区漫步时，发现一家超市有意愿参与社区公益活动，便与其合作，开展了为困难家庭捐赠生活用品的活动。

再次，进行人物访谈。对社区关键人物（如社区居委会成员、居民骨干、社区社会组织带头人、在社区居住生活时间较长的人等）进行访谈，了解社区资源情况。同时，社会工作者要善于抓住机会，对社区居民开展随机性访谈，在谈话中还了解访谈对象的个人特长和能力，作为潜在的资源储备。例如，在访谈中，社会工作者了解到一位居民擅长书法，便邀请他为社区的孩子们开设书法培训班。

此外，在活动中发掘。通过活动发掘居民骨干，培育人力资源；同时可以通过开展户外活动吸引社区各类组织积极参与。如组织社区环保活动，吸引了社区内的环保组织和志愿者共同参与，壮大了社区环保力量。

最后，善用网络。运用生活服务类平台及其他各种新媒体平台，检索了解社区各类组织资源的具体位置、业务范围等，再根据需求通过线上联系、线下拜访的形式，进行服务对接。例如，社会工作者通过网络平台发现了一家社区附近的心理咨询机构，经过沟通，该机构为社区居民提供了免费的心理健康讲座和咨询服务。

总之，社会工作在社区治理中，通过挖掘和整合社区资源，为社区居民提供了多元化的服务，可以推动社区的可持续发展。

以某社区社会工作者的资源挖掘与整合为例，社会工作者在对该社区进行走访和访谈时，了解到社区内有一些退休教师和大学生志愿者，他们有时间和意愿为社区的孩子们提供课外辅导。于是，社会工作者将这些人力资源整合起来，成立了社区学习辅导小组。同时，社会工作者通过与社区周边的企业沟通，争取到了资金支持，用于购买学习用品和教材。此外，社会工作者还利用社区的闲置场地，设立了辅导教室。通过这个案例，我们可以看到，社会工作者通过挖掘和整合社区资源，为社区居民提供了实实在在的服务，提高了社区居民的生活质量。

在另一个社区，社会工作者通过网络平台发现了一家专业的养老服务机构。经过协商，该机构为社区的老年人提供了免费的健康体检和康复指导服务。同时，社会工作者还组织社区内的志愿者为行动不便的老人提供上门服务。这个案例显示，社会工作者可以通过整合社区内外资源，为社区老年人提供全方位的养老服务，促进社区的和谐发展。

3. 推动社区成员参与

社区成员的参与对社区发展具有重要价值。一方面，社区成员的参与可以提升居民对社区事务的关注度，也有利于增强居民对社区的归属感和认同感。群众的教育和动员是社区工作的主要内容之一，居民的参与能够让他们更好地了解社区的发展和变化，为社区的建设出谋划策。另一方面，社区成员的参与可以促进社区的和谐发展。社区治理是以多行业为主体，共同参与的社区公共事务管理活动，各主体间肯定存在观念和利益上的差异与矛盾。而社区成员的参与可以促进不同主体之间的沟通和交流，化解矛盾，解决问题。此外，社区成员的参与可以增强社区的自治能力。社区治理作为一个长期的过程，其目标除了完成特定的具体的经济和社会发展的任务外，更注重社区基本要素的培育，其中包括社区组织体系的发育完善、社区成员参与公共事务积极性和能力的增长等。通过社区成员的参与，可以培养居民的公民意识和公共意识，提高社区的自治水平。

社会工作者可以通过多种方式激发社区成员的参与热情。首先，开展社区活动是一个有效的方法。以社区居民兴趣作为切入点，不遗余力地开展居民喜闻乐见、内容丰富、形式多样的自治活动。每次活动有针对性组织，有特定服务对象，有明确目标任务，最后还有活动评估。例如，在儿童和青年家庭较多的社区，可为孩子开办"跟老师学音标""少儿百家讲坛"；组织方便双职工家庭参与的"阳台菜园""共享书屋"；为独居老人开展"特别的爱给特别的你"等活动。这些活动得到越来越多居民的认可和喜爱，从而提升了居民的参与积极性。其次，宣传也是重要的一环。合理利用社区内的出入口、快递亭子和电梯间，特别是电梯间宣传栏，用起来，让自己的信息活跃起来。还有就是居民群的搭建，通过建立居民画像，了解居民，让居民知道社会工作者是谁、能做什么、要做什么、需要居民做什么。再次，直接接触途径也很关键。如果社会工作者在进行群众动员之前已经知道群众的姓名和联系方式，可以通过信件、家访和电话联络等渠道与群众直接接触。信件可以邮寄或派发给要动员的群众，能对群众所要参与的事务或活动做详细的文字解释，但对于受教育程度有限的群众，作用会大打折扣。家访是动员群众的常用方法，而且效果较好。在家访过程中，通过一对一的接触，社会工作者与被动员的群众可以深入交流对社区各项事务的看法，也可以加强双方的联系，增进感情。电话联络是在短时间内进行大量群众动员的有效方式，比家访要节省人力。最后，引导居民积极参与社区事务。社会工作者要明确自己是协助者和引导者的角色定位，做社区居委会和居民之间的桥梁和润滑剂。

4. 推动不同主体协调合作

社区治理的参与主体构成多元化，包括政府部门、社区居委会、社会组织、企业、居民等。这些主体之间在平等的基础上进行有效的沟通与合作，是实现社区善治目标的基本前提。社会工作在促进社区治理行为主体间的合作中发挥着重要作用。

首先，社会工作者可以充当各行为主体间的沟通桥梁。一方面，社会工作者通过与政府部门沟通，了解政策导向和资源支持，为社区治理争取更多的政策扶持和资金投入。例如，向政府部门反映社区的实际需求，争取社区建设资金，用于改善社区基础设施和公共服务。另一方面，社会工作者与社区居委会密切合作，协助居委会开展社区管理和服务工作。例如，共同组织社区活动，提高居民的参与度和凝聚力。同时，社会工作者积极与社会组织、企业合作，整合社会资源，为社区居民提供更多的服务。比如，与社会组织合作开展志愿服务活动，为困难群体提供帮助；与企业合作开展社区公益项目，为社区发展提供资金和技术支持。此外，社会工作者还可以通过开展社区调研、举办座谈会等方式，促进各行为主体之间的沟通与交流。例如，组织社区居民、企业代表、政府部门工作人员等参加座谈会，共同探讨社区发展问题，寻求解决方案。通过这些方式，社会工作者能够打破各行为主体之间的信息壁垒，增进彼此之间的了解和信任，为合作奠定基础。

其次，实现社区善治。在此过程中，协调合作对实现社区善治至关重要。第一，各行为主体之间的合作可以实现资源的优化配置。政府部门拥有政策资源和资金支持，企业拥有技术和资金优势，社会组织具有专业服务能力，居民则是社区的主体和服务对象。通过合作，各方可以将各自的资源优势整合起来，为社区治理提供更加全面、高效的服务。例如，政府部门提供资金支持，企业提供技术支持，社会组织提供专业服务，共同为社区建设智慧养老服务平台，为老年人提供更加便捷、优质的养老服务。第二，协调合作可以提高社区治理的效率和质量。各行为主体在社区治理中发挥着不同的作用，通过合作可以形成合力，共同解决社区问题。例如，在社区环境整治中，政府部门制定政策、提供资金，社区居委会组织居民参与，企业提供环保技术和设备，社会组织开展环保宣传教育活动，各方共同努力，能够提高环境整治的效率和质量。第三，协调合作可以增强社区的凝聚力和向心力。通过合作，各行为主体之间的关系更加紧密，居民对社区的认同感和归属感也会增强。例如，在社区文化建设中，各行为主体共同组织文化活动，展示社区的特色和魅力，能够激发居民的自豪感和参与热情，增强社区的凝聚力和向心力。

二　社区治理领域的循证社会工作

（一）循证社会工作在社区治理中的挑战

1. 证据级别与方法严格性

以方法的严格性来规定证据的级别存在一定的局限性。一方面，严格的方法可能导致一些具有实际价值但不符合特定严格方法的证据被忽视。例如，在某些社区治理情境中，一些基于实践经验总结出的有效方法可能由于缺乏严格的科学研究设计而被归为较低级别证据，从而无法得到充分应用。另一方面，过度强调方法的严格性可能会降低研究者创建更好证据的意愿。因为满足严格的方法要求往往需要大量的时间、资源和专业知识，这对于一些研究者来说可能是一个巨大的挑战。

2. 实践经验与科学证据的平衡

在社区治理中平衡实践经验与科学证据间的关系是一项重要挑战。实践经验是社会工作者在长期的社区工作中积累的宝贵财富，它能够快速响应社区的实际需求。然而，单纯依赖实践经验可能缺乏系统性和科学性。科学证据则为社区治理提供了严谨的理论支持和经过验证的方法，但在具体应用中可能无法完全适应复杂多变的社区环境。为了实现平衡，可以采取以下措施。首先，建立有效的沟通机制，促进研究者与实践者之间的交流与合作。例如，定期举办研讨会和工作坊，让研究者了解社区治理的实际需求，同时让实践者了解最新的研究成果。其次，鼓励社会工作者在实践中积极运用科学证据，并结合实际情况进行调整和创新。例如，在制订社区扶贫计划时，可以参考科学研究中关于贫困成因和扶贫策略的证据，同时结合社区的具体情况，如人口结构、经济状况等，制订更具针对性的方案。最后，加强对社会工作者的培训，提高他们对科学证据的理解和应用能力。通过培训课程和案例分析，让社会工作者学会如何在实践中寻找、评估和应用科学证据，同时也不忽视自身的实践经验。

（二）循证社会工作在社区治理中的前景

1. 跨学科合作的可能性

在社区治理中，循证社会工作与其他领域的跨学科合作具有广阔的前景。例如，与医学领域合作，在社区健康管理方面，社会工作者可以结合医学研究证据，为社区居民提供更全面的健康服务。据了解，在一些社区中，社会工作者与医生合作开展慢性病管理项目，通过循证方法制订个性化的康复计划，提高患者的生活质量。

与心理学领域的合作也至关重要。在社区心理健康服务中，社会工作者可以运用心理学的研究方法和理论，为居民提供心理咨询和辅导。例如，针对社区中遭受创伤的人群，结合心理学的创伤治疗理论和循证社会工作方法，制订有效的干预方案，帮助他们走出困境。

此外，与教育学领域合作，可以在社区教育和培训方面发挥积极作用。例如，为社区居民提供职业技能培训时，借鉴教育学的教学方法和评估手段，增强培训效果。通过跨学科合作，整合不同领域的专业知识和资源，为社区治理提供更全面、更有效的解决方案。

2. 专业发展的推动作用

循证社会工作对社区治理专业发展有着重要的推动作用。首先，它促使社区治理更加科学。通过引入科学研究证据，社区治理决策不再仅仅依赖经验和直觉，而是有了更坚实的理论基础。例如，在制定社区发展规划时，依据循证社会工作的研究成果，能够更准确地把握社区需求和发展趋势，提高规划的科学性和可行性。

其次，循证社会工作提升了社区治理的专业水平。专业的社会工作者运用循证方法，能够提供更优质的服务，满足社区居民的多样化需求。同时，循证实践也促进了社区治理专业人才的培养。为了更好地应用循证方法，社会工作者需要不断学习和更新知识，提高自身的专业素养。

最后，循证社会工作有助于增强社区治理的公信力。以科学证据为基础的服务更容易获得社区居民的信任和支持，提高社区治理的参与度和满意度。例如，在社区扶贫项目中，通过展示科学研究证据和成功案例，能够让居民更加相信扶贫措施的有效性，积极参与到社区治理中来。总之，循证社会工作在社区治理中的应用前景广阔，将为社区的和谐发展做出更大的贡献。

（三）循证社会工作在社区治理中的未来研究方向

1. 加强证据的多元性和适用性研究

目前循证社会工作在社区治理中对证据的依赖主要集中在科学研究和实践经验上，但社区问题的复杂性和多样性要求我们拓宽证据的来源。例如，可以深入挖掘社区居民的本土知识和智慧，这些长期生活在社区中的居民往往对社区问题有着独特的见解和解决方法。同时，借鉴其他国家和地区在社区治理方面的成功经验，通过比较研究，提取适用于本地社区的有效证据。此外，随着信息技术的发展，大数据分析也可以为循证社会工作提供新的证据支持。通过对社区居民的行为数据、需求数据等进行分析，可以更准确地把握社区问题的本质和发展趋势，为制订更有效的社区治理方案提供依据。

2. 深化跨学科合作机制

跨学科合作在社区治理中的潜力尚未得到充分发挥。未来应进一步深化与医学、心理学、教育学等领域的合作机制。建立长期稳定的合作平台，促进不同学科之间的知识交流和资源共享。例如，可以设立跨学科研究项目，共同解决社区中的复杂问题。同时，加强对跨学科合作成果的评估和推广，让更多的社区受益于跨学科合作的成果。此外，还可以培养具有跨学科背景的社会工作专业人才，提高他们在社区治理中的综合能力。

3. 提升社区居民的参与度

社区居民是社区治理的主体，循证社会工作应更加注重提升社区居民的参与度。通过开展社区教育活动，加深居民对循证社会工作的认识和理解，让他们积极参与到社区治理的证据收集、评估和应用过程中。例如，可以组织居民参与社区问题的调研，收集他们的意见和建议，将其作为重要的证据来源。同时，建立社区居民参与的决策机制，让居民在社区治理中拥有更多的发言权和决策权。此外，还可以通过奖励机制，鼓励居民积极参与社区治理，共同推动社区的发展。

4. 完善循证社会工作的评估体系

目前循证社会工作在社区治理中的评估主要集中在服务效果的评估上，未来应建立更加完善的评估体系。包括对证据收集、评估和应用过程的评估，以及对社会工作者专业能力的评估。通过建立科学合理的评估指标体系，及时发现问题并进行调整和改进。同时，加强对评估结果的反馈和应用，将其作为改进循证社会工作在社区治理中应用的重要依据。此外，还可以开展第三方评估，提高评估的客观性和公正性。

三　循证社会工作运用于社区治理的示例

假如循证社会工作者拟在社区中开展健康促进项目，旨在提高社区居民的健康水平和生活质量，可以采取以下步骤。

第一，开展需求评估。循证社会工作者首先进行健康需求评估，通过问卷调查、焦点小组讨论等方法了解社区居民的健康问题和需求。他们可能发现社区居民普遍存在缺乏健康知识、不良的生活习惯以及健康资源不足等问题。

第二，制定规划和目标。基于需求评估结果，循证社会工作者实施证据检索工作，并与社区居民、相关机构和志愿者合作，制定健康促进项目的规划和目标。例如，目标可能包括提供健康教育培训、改善社区环境、促进健康行为改变等。

第三，实施健康教育活动。循证社会工作者组织健康教育活动，例如健康讲座、培训课程和工作坊，向社区居民传授健康知识和技能，增强他们的健康意识和健康行为。这些活动可能涉及饮食营养、心理健康、慢性病管理等方面。

第四，资源整合和网络建设。循证社会工作者与社区内外的健康资源提供者合作，整合社区内的医疗机构、社会福利机构、志愿者组织等资源，共同支持健康促进项目的实施。例如，与当地医院合作提供免费健康检查，与社区团体合作提供健康活动场地等。

第五，监测和评估。循证社会工作者定期监测和评估健康促进项目的效果和影响。他们可能使用问卷调查、健康指标测量等方法，收集社区居民的反馈和健康数据，以评估项目的可持续性和有效性。根据评估结果，他们可以调整项目策略和方法，以更好地满足社区居民的需求。

通过以上实施步骤，循证社会工作者能够在社区发展领域开展循证实践，为社区居民提供更有效的健康促进服务。这种实践方法能够确保社区工作的科学性和可持续性，促进社区的整体发展和居民的参与。

值得注意的是：行动研究者和循证社会工作者在开展社区健康促进项目时，虽然目标相似，但在方法和做法上存在一些区别。

（一）行动研究者的做法

1. 强调社区参与

行动研究者注重社区居民的参与和合作，将他们视为研究过程的主体。他们鼓励社区居民参与项目的规划、实施和评估，以确保项目的可持续性和针对性。

2. 基于反思和批判

行动研究者通过反思和批判性思考，探索社会问题的根源和结构性因素，并与社区居民一起制订解决方案。他们关注权力关系、社会正义和社会变革，致力于推动社会变革和社区发展。

3. 行动研究是循环性的过程

行动研究者采用循环性的研究过程，包括问题识别、规划、行动和评估等阶段。他们通过不断反馈和调整，促进项目的改进和发展。

（二）循证社会工作者的做法

1. 基于循证实践

循证社会工作者注重使用科学研究和实证证据来指导社会工作实践。他们通过收集、评估和应用最新的研究证据，制定和实施社区健康促进项目，以提供更有效和可持续的服务。

2. 强调实证效果

循证社会工作者关注项目的效果和影响，注重实证结果评估。他们使用标准化的评估工具和方法，收集和分析数据，评估项目的成效，并根据评估结果调整和改进项目策略。

3. 基于专业实践

循证社会工作者依据社会工作的专业准则和伦理原则，与社区居民合作，提供个体和群体的支持与服务。他们注重个案管理和干预，也关注社区层面的干预和变革。

虽然行动研究者和循证社会工作者在方法和做法上有所不同，但两者都致力于推动社区发展和提供有效的社区健康促进服务。行动研究者强调社区居民的参与和批判性思考，以不同的方式与居民合作，关注社会变革和权力关系，而循证社会工作者注重循证实践和实证结果评估，基于专业实践提供支持和服务。

第七章 循证社会工作的相关争论

第一节 实践智慧、专家意见和利益相关方意见

循证社会工作强调将研究证据、社会工作者的实践智慧、服务对象的独特性三者有效整合起来，以提高社会工作服务的质量和科学性。但是将实践智慧、专家意见、服务项目的利益相关方的意见作为证据是有争议的。学界和一些实践者对循证社会工作的误解之一就是认为循证社会工作仅仅依据研究成果做出决策。

一 社会工作者的实践智慧是否可以作为证据

(一) 实践智慧的内涵与特点

1. 实践智慧的内涵

实践智慧是指社会工作者在面对复杂的服务情境时，运用自身的专业知识、经验和直觉，做出明智决策和行动的能力。它不仅仅是理论知识的应用，更是一种在实践中形成的应对策略和行动智慧。实践智慧涵盖了多个方面，如对服务对象需求的敏锐洞察、对问题本质的准确把握、对解决方案的创新思考等。例如，在处理复杂的家庭问题时，有经验的社会工作者能够凭借敏锐的观察力和直觉，快速识别出关键问题所在。他们可能通过与家庭成员的短暂交流，就能察觉到潜在的矛盾点和需求。这种对特定

情境下问题的洞察能力，是实践智慧的重要体现。同时，基于这些洞察，社会工作者可以迅速采取有效的干预措施。他们可能会运用以往成功的案例经验，制订适合当前家庭情况的解决方案，比如通过家庭会议、个别辅导等方式，促进家庭成员之间的沟通和理解，化解矛盾。

2. 实践智慧的特点

首先，实践性。实践智慧是在实践中产生和发展的，它与社会工作者的实际工作紧密相连。社会工作者通过不断地参与实践活动，积累经验，逐渐形成自己的实践智慧。例如，在处理家庭纠纷的案例中，社会工作者通过多次参与调解工作，掌握了有效的沟通技巧和解决问题的方法，这些都是实践智慧的具体体现。

其次，情境性。实践智慧是针对特定的情境而产生的，不同的服务对象、问题和环境都需要不同的实践智慧。社会工作者需要根据具体情况灵活运用实践智慧，制订个性化的解决方案。例如，在农村和城市的社会工作中，由于服务对象的生活环境和需求不同，社会工作者需运用不同的实践智慧来开展工作。

再次，默会性。实践智慧是社会工作者在长期的实践中潜移默化形成的，难以言传身教，或者难以用语言准确表达，它更多地体现在社会工作者的行动和决策中。例如，在面对突发情况时，社会工作者的瞬间反应和决策往往是基于他们的实践智慧，而这些决策过程很难用语言清晰地描述出来。

最后，创新性。实践智慧鼓励社会工作者在面对新问题和挑战时，勇于创新，寻找新的解决方案。社会问题不断变化，传统的方法可能无法满足需求，实践智慧促使社会工作者不断探索新的思路和方法。

（二）实践智慧与科学证据的抉择

1. 了解实践智慧的局限

在循证社会工作中，平衡实践智慧与科学证据至关重要。一方面，科学证据为社会工作提供了客观、可靠的依据，确保干预计划的有效性和专业性。另一方面，实践智慧则赋予社会工作者在面对复杂情境时的灵活性和创新性。但是平衡实践智慧与科学证据并非易事，在此过程中面临着诸多困难。

首先，多样性和个体差异。社会工作领域的实践智慧主要基于社会工作者的经验和直觉。因为，每个受助者的需求和情况也是独特的，不同社会工作者都可能基于自己的服务实践、理解、决策和干预行为产生或累积不同的经验。这使得实践智慧无法适用于所有情况，增加了实践的复杂性和模糊性（Shaw & Shaw，1997）。

其次，主观性和个人偏见。实践智慧基于社会工作者的主观经验和个人观点，容易受到个人偏见的影响。不同的社会工作者由于个人经历、价值观、性格等方面的差异，对同一问题可能会有不同的理解和判断。比如，面对一个家庭纠纷案例，有的社会工作者可能更倾向于采取直接沟通的方式解决问题，而另一些社会工作者可能认为需要先进行深入的心理分析。这种主观差异使实践智慧缺乏普遍性和客观性。这可能导致社会工作者在干预决策中存在主观偏见，从而影响实践的客观性和可靠性。

再次，缺乏系统性和标准化。实践智慧通常不具备系统性和标准化的特征。它往往是基于个别社会工作者的实际情况和特定背景的决策。这使得实践智慧难以被测量、评估和重复，也不容易被其他社会工作者或研究者所复制和验证。实践智慧往往基于过去的经验，而社会环境是不断变化的，新的问题也不断涌现。

过去有效的解决方法可能在新的情境下不再适用。以老年人服务为例，随着科技的发展，远程医疗、智能设备等新事物不断出现，仅仅依靠过去的经验可能无法满足新的需求。

最后，缺乏透明性和参与性。实践智慧的形成过程通常缺乏透明性。在实践决策中，受助者和其他利益相关方的意见和参与往往被忽视或被较少考虑，这可能削弱了实践的合法性和民主性。而且，实践智慧可能无法及时应对突发的社会事件，如自然灾害、公共卫生危机等，这些事件往往需要创新的解决方案，而不是依赖传统经验。

2. 明确实践智慧是循证决策的重要组成部分

毫无疑问，循证实践应该依赖于科学研究、统计数据等客观证据，以提高实践的客观性和可靠性，尽可能地减少主观偏见和模糊性对实践的影响（任超等，2023；张正严、李侠，2013）。同时，也要认识到实践智慧是不可或缺的，因为它能够反映实践的复杂性和多样性，提供个体化的干预和解决方案（郭伟和，2019）。循证社会工作对于实践智慧持有一种积极的态度，认为实践智慧具有不可忽视的价值。社会工作者在长期的实践中积累了丰富的经验，这些经验就像是一座宝贵的知识库。

总之，循证社会工作强调基于最佳证据来指导决策，也主张在决策过程中综合考虑多种证据来源，包括实践智慧（Gambrill，1999；Thyer & Kazi，2004）。二者平衡的原则就是科学证据为本，证据平衡和采纳的基本原则是尽可能地减少主观偏见和模糊性对实践的影响。

（三）不同文化背景下实践智慧的适用性

1. 不同文化背景下实践智慧面临的挑战

在不同文化背景下，实践智慧在循证社会工作中的应用面临着诸多挑战。首先，文化对实践智慧有着深刻的影响。不同的文化背景会塑造出不同的价值观、信仰和行为方式，这些因素会直接影响社会工作者的实践智慧。例如，在一些强调集体主义的文化中，社会工作者可能更注重家庭和社区的支持，而在个人主义文化中，可能更强调个人的自主和独立。这种文化差异会导致实践智慧在问题建构、干预计划制订等方面的差异。

其次，文化还会影响服务对象对问题的认知和解决方式。不同文化背景的服务对象可能对同一问题有不同的看法和需求，这就要求社会工作者在运用实践智慧时，充分考虑文化因素，以确保干预计划的有效性和适用性。例如，在一些文化中，人们可能更倾向于寻求家庭的支持来解决问题，而在另一些文化中，可能更倾向于寻求专业机构的帮助。

2. 应对文化差异对实践智慧的影响

为了应对文化差异对实践智慧的影响，社会工作者可以采取以下策略。

首先，加强文化敏感性培训。通过培训，社会工作者可以更好地了解不同文化背景下的价值观、信仰和行为方式，提高对文化差异的认识和理解。

其次，尊重文化多样性。社会工作者应该尊重不同文化背景的服务对象的价值观和信仰，避免将自己的文化观念强加给服务对象。在制订干预计划时，充分考虑服务对象的文化背景和需求，以确保干预计划的个性化和有效性。

再次，促进跨文化交流与合作。社会工作者可以与来自不同文化背景的专业人士进行交流与合作，分享实践智慧，共同探讨解决问题的方法。跨文化交流与合作可以拓宽社会工作者的视野，丰富实践智慧的内涵。

最后，持续学习和反思。社会工作者应该不断学习不同文化背景下的社会工作理论和实践经验，反思自己的实践智慧在不同文化背景下的适用性。通过持续学习和反思，可以不断提高实践智慧的水平，更好地应对不同文化背景下的挑战。

二　专家意见是否可以作为证据

（一）专家意见的含义和特点

专家意见是指在特定领域中的杰出专家所达成的一致共识。与个别社会工作者或当地团队所得到的实践智慧不同，专家意见被视为更可靠的证据来源。

1. 专家意见源于丰富的实践经验

在循证社会工作中，专家意见的重要性不容忽视。专家意见往往源于丰富的实践经验，这些经验是在长期的实践中积累而成的。例如，在处理一些复杂的家庭问题时，经验丰富的社会工作专家能够凭借多年的实践经验，迅速、准确地判断问题的关键所在，并提出有效的解决方案。以一个具体的案例来说，一位长期从事家庭社会工作的专家，在处理一个由家庭成员关系紧张导致孩子出现心理问题的案例时，通过对家庭成员互动模式的观察和分析，凭借丰富的实践经验，判断出问题的根源在于父母之间的沟通方式不当，进而提出了有针对性的干预措施。这个案例体现了专家意见源于丰富实践经验的价值。

2. 对服务对象独特性的考量

专家意见在理解服务对象独特性方面具有显著优势。每个服务对象都有其独特的背景、价值观和需求，而专家凭借丰富的经验和专业知识，能够更好地理解服务对象的独特性。例如，在处理一位来自特殊文化背景的社会工作案例时，专家可以根据自己对不同文化的了解，更好地理解服务对象的行为和需求，从而制订更符合服务对象实际情况的干预方案。因此，在循证社会工作中，虽然科学研究证据是重要的决策依据，但专家的实践经验可以为实践提供宝贵的参考，帮助服务对象更好地理解和解决其面对的问题。

（二）将专家意见作为证据的来源仍存在争议

专家意见是否可作为证据的来源仍存在争议。具体而言，包括以下几个方面。

1. 可靠性和科学性

一些学者认为专家意见是可靠和权威的证据来源，因为它们是基于具有广泛经验和专业知识的专门领域的专家达成的一致共识，因此，专家的知识和经验使他们能够提供准确和可信的指导，有助于指导社会工作实践（张忠，2013）。然而，专家意见也可能存在主观偏见和个体差异，因此不一定总是可靠和科学的证据（张敏、刘薇，2022）。专家意见的可靠性和科学性仍然需要进一步评估和验证。

2. 多样性和复杂性

社会工作实践涉及复杂和多样化的问题与情况，而专家意见的一致性并不一定能够涵盖所有的多样性。每个受助者的需求和情况是独特的，这意味着单一地依靠专家意见可能无法得到全部需要的有效指导。因此，应在决策过程中综合考虑多种证据来源，而不仅仅依赖于专家意见。

3. 较低级别的证据

在循证医学中，专家意见被视为较低等级的循证证据，其可靠性相对较弱。在循证社会工作中，专家意见受上述特点的局限，也被视为与实证研究、随机对照实验、元分析相比，证据级别较低的证据。

（三）专家意见的采用

1. 专家意见可以作为循证的依据之一

循证社会工作者认可专家意见的重要性，在实践中愿意借鉴专家知识和经验。这是因为专家在特定领域拥有丰富的经验和专业知识，是基于系统性观察、研究和实践的结果，具有一定的可靠性和专业性。不仅如此，专家意见能够为社会工作者提供新的知识和信息，使他们能够更全面地了解特定问题和领域。此外，由于专家经验丰富，他们能够快速识别问题的核心，并提供有效的解决方案。循证社会工作者看重专家意见在解决棘手问题时的作用，特别是在面对复杂和困难的情况时。

2. 平衡实践经验和科学证据

循证医学的发展为循证社会工作提供了借鉴。在循证医学中，专家意见被视为较低等级的循证证据，循证医学强调基于证据，但是专家意见不作为临床决策的指导。然而，循证社会工作有其自身的特点。循证社会工作是一种基于科学证据和实践经验的社会工作方法，强调使用科学方法和研究证据来指导社会工作实践，因此，这里也提到了平衡实践经验和科学证据的问题。当然，循证社会工作者也主张专家意见并非都正确，可能存在偏见和局限性（Blau，1997；Charlton，1997；Morgan，1997；Stradling & Davies，1997）。因此，将当前最佳的研究证据与专家意见整合，可以提升社会工作实践的科学性和客观性。例如，在制订某个干预方案时，社会工作者可以先参考相关的研究证据，了解不同干预方法的有效性和适用范围。然后，结合专家意见，对服务对象的具体情况进行分析，判断哪种干预方法最适合服务对象。如果研究证据表明某种干预方法在一般情况下效果较好，但专家根据服务对象的情况认为该方法可能不适用，那么社会工作者可以进一步探讨其他可能的干预方法。通过这种方式，专家意见与研究证据相互印证，可以为决策提供更全面、更准确的依据。

3. 建立科学的评估体系

首先，要明确专家的资质和经验要求。通过收集专家的背景信息（教育经历、工作经历、参与的项目等）、审查专家在相关领域的专业成就（获得的奖项、发表的著作和论文等）、分析专家以往提供意见的案例，了解专家在不同情境下的判断能力和解决问题的能力。邀请其他专家或同行对该专家的意见进行评审。这种同行评议可以从不同角度对专家意见进行审视，发现潜在的问题和不足。综合考虑以上因素，确定专家意见的可靠性等级。其次，要对专家意见进行严格的审查和评估，包括意见的合理性、可靠性、适用性等方面。最后，要结合其他科学证据，如研究文献、实践案例等，综合判断专家意见的证据价值。

三　利益相关方意见是否可以作为证据

（一）利益相关方意见的概念和特点

1. 利益相关方意见的概念

在循证社会工作中，利益相关方意见是指与社会工作服务紧密相关的各类主体基于自身的立场、经历和期望，对社会工作服务所表达的观点、看法、需求、评价和建议等。这些利益相关方包括但不限于服务对象（如儿童及其家庭）、服务提供者（如社会工作者）、资助方、合作机构（如学校、社区组织）等。他们在社会工作服务的过程中有着不同的利益诉求和关注点，其意见反映了他们对服务的期望、体验及对服务效果的判断。例如，家长作为利益相关方，可能就孩子在接受服务后的行为变化、心理状况改善等方面发表意见，同时也可能对服务的时间安排、内容设置等提出要求和建议。教师可能从学生在学校的表现角度评价服务的成效，并就如何更好地与学校教育相结合提出看法。基金资助方则可能从资源投入的效益、服务的社会影响力等方面提出意见和期望。

2. 利益相关方意见的特点

首先，多样性。利益相关方的角色、背景、价值观和需求各不相同，因此，他们的意见也呈现多样性的特点。例如，家长、教师、基金资助方和儿童本人对服务的期望和关注点可能存在很大差异。家长可能更关注孩子的个人成长和家庭支持，教师可能更关注学生的学习成绩和行为规范，基金资助方可能更关注服务的社会效益和可持续性，儿童本人可能更关注服务的趣味性和参与度。这种多样性要求社会工作者在收集和分析利益相关方意见时，要充分考虑不同利益相关方的立场和需求，避免片面性。

其次，主观性。利益相关方意见往往受个人主观因素的影响，具有一定的主观性。例如，家长和教师的意见可能受到他们对孩子的期望、教育观念和个人经验的影响；基金资助方的意见可能受到其组织目标、资金限制和政治因素的影响。儿童本人的意见也可能受到年龄、认知水平和情绪状态的影响。虽然利益相关方意见具有主观性，但这并不意味着它们没有价值。社会工作者可以通过深入了解利益相关方的主观感受和需求，更好地理解服务对象的处境，为服务决策提供参考。

再次，动态性。利益相关方意见随着时间、环境和服务进程的变化而不断变化。例如，在服务的不同阶段，家长和教师对服务的需求和期望可能会发生改变。随着孩子的成长和问题的解决，他们可能会提出新的需求和建议。基金资助方也可能根据社会形势和组织战略的变化调整对服务的支持力度和方向。社会工作者需要持续关注利益相关方意见的动态变化，及时调整服务策略，以满足利益相关方的不断变化的需求。

最后，相互影响性。利益相关方之间的意见相互影响。例如，家长的意见可能会影响教师对服务的看法，教师的反馈也可能会引起家长的关注和思考。基金资助方的决策可能会影响服务的提供和质量，进而影响家长、教师和儿童的满意度。社会工作者要认识到利益相关方意见的相互影响性，积极促进利益相关方之间的沟通和合作，以形成共同的目标和行动方案。

（二）利益相关方意见的可靠性

通过以下方法，可以对利益相关方意见的可靠性进行较为全面的评估，为循证社会工作决策提供更可靠的依据。

1. 评估意见来源的可靠性

首先，从利益相关方的代表性看，确定利益相关方是否涵盖了不同的群体和视角。例如，在儿童服务中，不仅要考虑家长、教师的意见，还应包括儿童本人、社区工作人员、资助方等的观点。如果只从单一群体获取意见，可能会存在片面性。因此，可以评估各利益相关方群体在服务中的参与度和影响力。参与度高、对服务有深入了解的利益相关方的意见可能更具可靠性。

其次，从利益相关方的动机和利益冲突看，分析利益相关方发表意见的动机。有些利益相关方可能出于自身利益考虑而夸大或歪曲事实。例如，资助方可能为了证明其资助的合理性而过于强调服务的积极效果。此外，识别利益相关方之间可能存在的利益冲突。当不同利益相关方的利益存在冲突时，他们的意见可能相互矛盾，需要仔细分析和判断。

最后，在利益相关方的专业知识和经验方面，要考虑利益相关方在相关领域的专业知识和经验水平。具有专业背景或丰富经验的利益相关方的意见可能更具参考价值。例如，教育专家对儿童教育服务的意见可能比一般家长更具专业性。但也要注意，专业知识并不一定保证意见的绝对正确，还需要结合其他因素进行综合评估。

2. 意见内容的可靠性评估

在一致性和连贯性方面，可以比较不同利益相关方的意见是否具有一致性。如果多个利益相关方对同一问题的看法相似，那么这些意见的可靠性可能较高。进而检查利益相关方的意见在时间上是否具有连贯性。如果一个利益相关方的意见前后矛盾，可能需要进一步核实其真实性。

在具体性和可操作性方面，真实可靠的意见通常具有一定的具体性，能够明确指出问题所在或提出具体的建议。模糊、笼统的意见可能缺乏实际价值。进而评估意见的可操作性，即是否能够转化为实际的行动方案。如果意见只是泛泛而谈，而没有具体的实施步骤，那么其可靠性可能较低。

在证据支持方面，可要求利益相关方提供支持其意见的证据。例如，家长可以提供孩子在接受服务前后的具体变化情况，教师可以提供学生的学习成绩等。有证据支持的意见更具可信度。需对证据进行核实和评估，确保其真实性和有效性。

3. 评估方法的可靠性

首先，可采用问卷调查、访谈、焦点小组讨论等多种方法收集利益相关方意见，不同方法可以相互补充，提高评估的全面性和准确性。然后对按不同方法收集到的意见进行比较和分析，找出其中的共同点和差异点，以便更好地判断意见的真实性和可靠性。

其次，进行独立评估和第三方验证。进行独立评估，避免评估者受到利益相关方的影响。例如，可以由独立的研究机构或专业人员对利益相关方意见进行评估。寻求第三方验证，如邀请其他专业人士或机构对评估结果进行复核。第三方的客观视角可以增强评估的可靠性。

最后，持续评估和建立反馈机制。建立持续评估的机制，定期收集利益相关方意见，观察意见的变化趋势。随着时间的推移，一些虚假或不可靠的意见可能会逐渐被淘汰。建立反馈机制，让利益相关方了解评估结果，并给予他们回应和解释的机会。这有助于提高利益相关方对评估过程的信任度，也可以进一步核实意见的真实性。

（三）把利益相关方意见作为循证决策的争议

1. 利益相关方意见是否作为决策依据

关于在社会工作实践中利益相关方的意见是否应该被纳入决策考量中存在争议。一方面，认为利益相关方是直接受影响的人群，他们的经验和需要应该被认真考虑。在社会工作实践中，应该尊重利益相关方的参与权和决策的民主性，这有助于提高决策的公正性和合法性。这也意味着在制定政策和干预方案时，应该考虑利益相关方的观点和意见。另一方面，认为在社会工作实践中纳入所有利益相关方的观点和意见可能是不可行的。社会工作中常常存在资源的有限性和工作压力，而纳入所有利益相关方的意见可能导致决策过程的复杂化和时间延长。他们认为应该在平衡各方需要和提供支持的同时，保持实践的效率和专业的决策。不过，循证社会工作者也会认识到，在实践中纳入所有利益相关方的意见可能存在一些挑战和限制。

当然，更多循证社会工作者在强调基于最佳证据来指导社会工作实践的同时，也致力于将多种证据综合起来，包括研究证据、实践经验和利益相关方的意见。利益相关方的参与被视为一种包容性和民主的决策模式，能够提高决策的可接受性和实施的有效性。利益相关方具有直接经验和知识，他们的观点和意见可以帮助社会工作者更加全面地了解问题的复杂性和影响，并更好地满足他们的需求。循证社会工作者支持利益相关方参与的原因有以下几个。

首先，利益相关方具有各自特定领域的经验和智慧。他们可以提供关于社会问题的经验性见解，例如，他们在特定社区中的资源和文化背景等方面有独特的理解。这种经验和智慧可以提供很好的补充，使社会工作实践更加具体和具有适应性。

其次，循证社会工作者倡导尊重每个利益相关方的声音和权益。包容性和民主的决策过程，能够使利益相关方感到被尊重和意见被听取，从而增加他们的投入和加大对社会工作实践的支持力度。

最后，可信度和可行性。利益相关方的参与可以提高决策的可信度和可行性。他们可以提供关于社会工作实践在实际操作中的可行性和效果的反馈，从而帮助社会工作者更好地理解和解决问题。

总的来说，循证社会工作者支持并鼓励利益相关方的意见被纳入决策考量中，以促进更全面、合法和有效的社会工作实践。这种参与模式能够提高决策的可接受性和实施的效果，并使社会工作者与利益相关方之间建立起积极的合作关系。

2. 利益相关方意见不一致的抉择

在利益相关方意见不一致的情况下，可以按照以下步骤做出决策。

首先，深入倾听各方意见，做到积极沟通。可以与各利益相关方进行一对一的沟通，了解他们意见背后的具体原因、关注点和期望。例如，在儿童服务项目中，与家长沟通时，询问他们对服务内容的具体期望是更多的学业辅导还是社交技能培养；与老师交流，了解他们在学校环境中观察到的学生需求。还可以组织小组讨论或座谈会，让利益相关方有机会面对面地交流和表达自己的观点，促进相互理解。在讨论中，引导各方阐述自己意见的合理性，同时倾听他人的看法。此外，分析利益诉求。梳理各利益相关方的利益诉求点。例如，家长可能更关注孩子的个人成长和安全；教师可能注重学生的学习成绩和行为规范；基金资助方可能关心项目的社会效益和资金使用效率。通过分析利益诉求，找出各方意见的核心分歧所在。

其次，收集更多信息和证据。针对争议点进行专项调研，收集相关数据和信息。如果利益相关方对服务效果存在争议，可以通过问卷调查、案例分析等方式收集服务对象的反馈和实际成效数据。例如，在老年人服务项目中，对于服务方式的选择存在分歧，可以对不同服务方式的实际效果进行调研，了解老年人的满意度和需求满足程度。还可以参考类似项目的经验和研究成果。查找相关领域的成功案例、学术研究报告等，了解在类似情况下的最佳实践和决策依据。这可以为解决利益相关方的分歧提供外部参考和借鉴。此外，寻求专业意见，咨询相关领域的专家、学者或专业机构。他们可以从专业角度提供客观的分析和建议，帮助评估不同意见的可行性和潜在影响。例如，在社区发展项目中，对于土地利用规划存在争议，可以邀请城市规划专家进行评估，提供专业的规划建议。或者引入中立的第三方评估机构。第三方机构可以对项目进行全面评估，包括利益相关方的意见分析、项目可行性评估等，提供客观公正的报告，为决策提供依据。

再次，寻求共识和妥协。可以引导利益相关方寻找共同的目标和利益点。尽管各方意见不一致，但通常可以找到一些共同的目标，如提高服务质量、满足服务对象需求、促进社区发展等。围绕共同目标，强调合作的重要性，减少分歧。例如，在环保服务的项目中，企业、政府和环保组织可能在具体措施上存在分歧，但都希望实现环境保护和可持续发展的共同目标。通过强调这一共同目标，促使各方寻求合作的可能性。还可以组织利益相关方进行协商，鼓励各方提出妥协方案。在协商过程中，强调平等、公正的原则，尊重各方的意见和利益。例如，在教育服务项目中，家长、教师和教育部门可能对社会工作者的服务规划存在不同意见，可以通过协商，找到一个既能满足家长对孩子综合素质培养的期望，又能符合教师教学实际和教育部门政策要求的妥协方案。此外，考虑采取分步实施的策略。如果无法立即达成完全一致的意见，可以先选择一些各方都能接受的小步骤实施，在实施过程中不断调整和完善，逐步解决分歧。例如，在社区建设项目中，可以先从一些基础的设施改善项目入手，随着项目的推进，再逐步解决其他争议较大的问题。

最后，做出决策并沟通解释。要根据收集到的信息、利益相关方的协商结果和专业意见，进行综合分析和权衡。在决策过程中，要明确决策的依据和理由，确保决策的合理性和公正性。例如，在健康服务项目中，综合考虑患者需求、医生专业建议、医疗资源限制等因素，做出关于服务内容和资源分配的决策。然后沟通和解释决策，向各利益相关方详细解释决策的过程和理由，说明决策是如何考虑各方意见的，以及为什么选择了特定的方案。通过沟通，增强利益相关方对决策的理解和接受度。此外，建立反馈机制，鼓励利益相关方对决策提出反馈和建议，并及时回应他们的关切，根据反馈情况对决策进行适当调整和优化。例如，在项目实施过程中，定期与利益相关方进行沟通，了解他们对决策执行情况的看法，及时解决出现的问题。

第二节　循证社会工作的因果判断

一　证据的"金标准"和最佳证据

（一）证据的"金标准"

在循证社会工作中，"金标准"通常是指在特定领域内被广泛认可的、具有最高权威性和可靠性的评估或实践准则。

循证社会工作的"金标准"有以下特点。

1. 证据级别高

循证社会工作的"金标准"要求所依据的证据在级别上处于较高层次。证据级别通常根据研究方法的科学性和可靠性进行划分。例如，针对随机对照实验制作的系统评价证据一般被认为是级别较高的，因为这种研究方法能够最大限度地控制变量，从而较为准确地确定干预措施与结果之间的因果关系。相比之下，个人经验、案例报告等产生的证据级别相对较低。

2. 方法严谨性

"金标准"需要建立在严谨的研究方法基础上。这包括明确的研究问题、合理的研究设计、严格的数据收集和分析方法等。例如，在研究设计方面，应尽可能采用前瞻性、对照性的设计，以确保能够准确评估干预措施的效果。在数据收集方面，要确保数据的准确性、完整性和可靠性，采用标准化的测量工具和方法。在分析方法上，应运用适当的统计方法，对数据进行科学的分析和解释。

3. 实践有效性

"金标准"的核心在于能够指导实践并产生有效的结果。这意味着基于"金标准"的干预措施在实际应用中应该能够切实改善社会工作者的状况，提高社会工作服务的质量和效果。例如，在针对特定问题的干预中，如儿童虐待问题，"金标准"可能包括经过严格验证的评估工具和干预方法，能够准确识别问题并采取有效的措施进行干预，从而保护儿童的权益和安全。

4. 专业认可度高

"金标准"还需要得到专业领域内的广泛认可。这包括学术界、实践领域以及政策制定者等各方的认可。只有当大多数专业人士都认同并遵循某一标准时，它才能真正成为"金标准"。专业认可度的形成通常需要经过长期的实践检验和学术讨论，不断完善和发展。

总之，循证社会工作的"金标准"是一个综合性的概念，它涵盖了证据级别、方法严谨性、实践有效性和专业认可度等多个方面。它为社会工作者提供了一个可靠的指导框架，帮助他们在实践中做出更加科学、有效的决策。

（二）当前的最佳证据

当前的最佳证据是指在特定时间点上，通过科学严谨的方法收集、分析和评估后，被认为对解决特定社会工作问题最具可靠性、有效性和适用性的证据。在循证社会工作中，社会工作者需要寻找并参考经过科学研究的系统评价或随机对照实验等方法所得到的可靠、有效、适用于实践的证据。

以下几点是确定当前的最佳证据的一些关键。

（1）研究方法。当前的最佳证据通常来自高质量的研究，如随机对照实验、系统评价等。这些研究方法能够提供较高的证据层次和较强的内部有效性。

（2）结果可信度。社会工作者关注的证据需要具备较高的可靠性和有效性。这意味着研究结果应该经过充分验证，在不同的研究中得到运用，以确保结果的可靠性和通用性。

（3）综合评价。社会工作者需要综合不同研究的结果，并权衡证据的整体效果。可以通过进行系统评价来汇总和综合多个研究的结果，以提供更全面、可靠的证据。

（4）适用性。所选用的证据需与社会工作实践的特定情境相关，并具有可操作性的特点。证据的适用性也需要根据服务对象的特点、组织环境、文化差异等因素进行评估。

二　随机对照实验对因果关系的判断

（一）随机对照实验判断因果关系的特点

随机对照实验作为因果关系推断的黄金标准，被认为是确定干预方法和干预效果之间因果关系的最强证据，这是因为它具有以下几个特点。

（1）随机分配。随机对照实验通过将参与者随机分配到实验组和对照组来消除因个体差异而引起的混杂因素。这种随机分配能够最大限度地保证实验组和对照组在其他变量上的平衡，使得比较结果更具可靠性和准确性。

（2）控制组。随机对照实验中，对照组接受的是常规处理或安慰剂，可与实验组接受的干预进行对比。这种比较能够排除外部因素的干扰，揭示出干预的真实效果。

（3）随机化避免选择偏倚。随机分配可以避免研究者对参与者进行选择，从而避免了选择偏倚的发生。这意味着研究结果更能代表整个目标人群的情况，增强了结果的可推广性。

（4）双盲设计。随机对照实验通常采用双盲设计，即让参与者和研究人员都不知道他们被分配到哪个组。这样可以避免主观偏见和期望效应对结果的影响，提高研究的可靠性。

与定性证据相比，随机对照实验被视为更有价值的证据，这是因为随机对照实验能够揭示干预方法与干预效果之间的因果关系。具体而言包括以下几个方面。

（1）因果关系是结果评估中的关键问题。随机对照实验能够通过随机分配实验组和对照组的方法，排除其他因素对结果的影响，从而更准确地确定干预方法对干预效果的影响。相比之下，定性证据尽管可以提供丰富的描述和解释，但并不能判断是否存在因果关系。

（2）随机对照实验具有更强的可靠性和准确性。通过随机分配和对照组的比较，随机对照实验能够控制混杂因素的影响，从而产生更具有可靠性的结果。而定性证据容易受到主观偏见和研究者的解释影响，其结果可能不够一致和可靠。

（3）随机对照实验的结果更容易推广到目标人群或整个群体，并具有更高的外部有效性。相比之下，定性证据的结果往往受到研究者选择样本和进行数据分析的影响，不具有较高的推广性。

因此，从判断干预方法与干预效果因果的角度上讲，随机对照实验肯定是证据的黄金标准，对随机对照实验进行的系统评价显然比定性证据更具可靠性和准确性。

（二）并非所有问题都适合进行随机对照实验

以下是一些示例，说明并非所有问题都适合进行随机对照实验。

（1）伦理问题。在某些情况下，伦理原因限制了进行随机对照实验的可行性。例如，研究某种问题的干预，其中一组人群被排除在接受干预的对照组中可能会被视作不道德。在这种情况下，研究者可能会使用自然实验或纵向研究来观察干预效果，而不直接进行干预和对照组的分配。

（2）实践限制。在某些情况下，实践限制使得进行随机分配或使用对照组不现实。例如，在某些社区发展项目中，难以将人群划分为接受干预和未接受干预的对照组，因为这可能削弱了项目的整体目标和流程。又如，在紧急灾后重建情况下，无法在短时间内实施随机分配。在这种情况下，研究者可能会采用单组前后测试设计，通过比较干预前后的结果来评估干预效果。

（3）对照组限制。特定情况下无法找到或创建对照组，随机对照实验就会变得困难或不可行。例如，在研究特定人群的干预效果时，难以找到与其类似的对照组。在这种情况下，研究者可能会选择使用队列研究设计，比较接受干预和未接受干预的两个群体之间的差异。

（4）实验性干预。在某些情况下，所采取的干预措施可能是新颖的，尚未得到广泛验证。在这种情况下，可能难以招募到参与者或者没有足够的参与者来进行随机对照实验。研究者就可能会使用实验研究设计方法，对少数参与者进行深入观察和分析，以了解干预效果。

（5）高成本或时间限制。进行随机对照实验需要高昂的成本或长时间的跟踪，干预者选择随机对照实验会比较谨慎。例如，在某些紧急救援活动中，不可能在短期内进行随机分配和对照处理。在这种情况下，研究者可能会使用事后评估或回顾性研究来分析干预的效果。

综上所述，因伦理问题或实践限制，在无法随机分配参与者，或者无法使用对照组等情况下，研究者可能会使用其他研究设计，如前后测设计、队列研究、实验研究等，来评估干预效果。尽管这些设计无法提供与随机对照实验相同的因果关系证据，但它们仍然可以提供有价值的信息，有助于形成初步的结论和指导实践。

（三）随机对照实验的可外推性问题

虽然随机对照实验被认为是评估干预效果最可靠的方法，但它也有一些争议和质疑。其中最多的质疑是可外推性的问题。随机对照实验的实施通常在高度控制的实验条件下进行，这导致研究结果在真实世界中的适用性受到质疑。但是无论如何，应认识到以下两点。

第一，随机对照实验的设计特点，如随机分组、对照组比较和双盲设计等，有助于减少偏见和混杂因素的影响，提供较高的内部有效性和因果推断的能力，可以明确、有效地评估干预措施的效果，并为社会工作者提供可靠的指导和决策依据。因此，尽管随机对照实验证据存在一些争议和可能的局限，但它仍然是被广泛认可和使用的证据。当然，在使用随机对照实验证据时，社会工作者仍然需要意识到其局限性，并结合其他类型的证据进行综合评估。这包括定性研究、观察研究、实践经验等，以便获得多个角度和丰富的信息，以更好地指导实践和决策。

第二，寻找和使用"当前的最佳证据"有助于社会工作者根据科学研究的支持，做出基于证据的决策和干预选择。然而，要注意的是，"当前的最佳证据"并不是决策的唯一依据，干预方案的制订还需要考虑服务对象的偏好和价值选择、社会工作者的经验和专业判断，在实践过程中与受益者共同制订和调整干预方案。

三　定性研究证据对因果关系的判断

（一）定性研究证据

在循证社会工作中，定性研究是一种重要的研究方法。定性研究主要是通过深入的观察、访谈、文本分析等方式，对社会现象、人类行为和经验进行系统的探究与理解。它强调对特定情境中意义、价值、主观体验和社会互动的阐释。一些研究人员认为，定性研究也能够确定干预方法和干预效果的因果关系，主要基于以下理由。

（1）分析干预措施的实施过程。定性研究善于观察社会工作者与服务对象之间的互动过程，评估干预措施的实际执行情况和可能存在的问题。例如，在一个社区健康项目中，观察社会工作者是如何与有健康问题困扰的居民建立信任关系的，以及在干预过程中社会工作者遇到的挑战。

（2）评估实践效果的主观体验。了解服务对象和社会工作者对干预效果的主观评价，为改进实践提供依据。比如，通过访谈参与家庭辅导项目的家庭成员，了解他们对项目的满意度以及认为项目对家庭关系改善的具体作用。

（二）对定性研究确定因果关系的批评

对于借助定性研究的证据来确定因果关系的观点遭到了很多批评。首先，这是因为定性研究的主要关注点在于理解现象和探索关系，不具备随机分配和对照组等实验证据的特点。因此，定性研究的结论通常是基于推断和解释，不能提供直接的因果证据。其次，定性研究的结论可能受到研究者的主观解释、偏见和主观性的影响。总之，定性研究可以提供对因果关系的初步线索和深入理解，但无法确定因果关系。因此，在确定干预方法和效果的因果关系时，首先需要考虑随机对照实验证据，并综合考虑多种类型的研究设计和证据，以取得更可靠和全面的结论。

假设我们想要探索社会技能培训对改善青少年自尊心的效果，可以使用访谈和焦点小组讨论等定性研究方法，了解青少年参加社会技能培训后的体验和感受，获取对青少年自尊心改善的初步线索和深入理解。

然而，定性研究无法提供直接的因果证据，因为它无法排除混杂因素的干扰。在这个例子中，无法随机将参加社会技能培训的青少年与没有参加社会技能培训的青少年进行比较。因此，也不能确定是社会技能培训直接改善了青少年的自尊心，还是其他因素。混杂因素可能涉及以下几个。

（1）家庭环境。青少年的家庭环境是一个重要的因素。家庭支持、关爱和积极的亲子关系可能会改善青少年的自尊心。因此，如果参加社会技能培训的青少年的家庭环境良好，那么他们的自尊心可能会得到很大改善；但如果参加培训的青少年的家庭环境较差，那么其自尊心的改善效果就不会很明显。

（2）同伴影响。青少年的同伴关系也会对自尊心产生影响。如果参加社会技能培训的青少年得到了同伴的认可和支持，他们的自尊心可能会得到一定改善；相反，如果参加培训的青少年遭受同伴的排斥或压力，那么他们的自尊心改善可能也会受到阻碍。

（3）个体差异。青少年的个体特点也会对自尊心产生影响，如性格特质、自我价值观以及过去的经历等。如果参加社会技能培训的青少年与其他参加培训的青少年在这些方面存在差异，那么他们自尊心改善的程度可能会有所不同。

上述只是一些可能影响干预效果的因素，而且每个具体案例可能有不同的影响因素。在没有随机分配和对照组的情况下，很难确定是哪个因素改善了青少年的自尊心。

此外，定性研究可能会受研究者的主观解释、偏见等因素的影响。研究者可能在数据收集、分析过程中进行个人的解释和评估，这可能会引起主观偏见。因此，我们需要谨慎对待定性研究，特别是在确定因果关系时。例如，研究者希望了解青少年参加音乐表演活动后对自尊心的影响。研究者在数据收集过程中采访了一群参加音乐表演的青少年。但研究者可能会受到以下因素的影响。

（1）研究者的个人偏好。研究者可能对音乐表演活动有自己的喜好和倾向，使他们在数据收集时更倾向于寻找和记录支持音乐表演对改善青少年自尊心有正面影响的情况，而忽略其他可能的情况。

（2）观察和记录的主观性。研究者对青少年自尊心的观察和记录可能受到其主观解释的影响。例如，研究者可能更倾向于解释某个青少年的积极行为的目的是提升其自尊心，但可能没有全面地考虑其他解释或原因。

（3）筛选和解释数据的主观偏见。在分析数据和得出结论时，研究者可能会有偏见地筛选、解释和强调支持自己预期结论的数据和发现，而忽略可能与其预期结论相悖的数据。

上述因素的影响可能会使研究者对音乐表演活动对青少年自尊心的影响得出过于绝对或主观的结论，而忽略了其他可能的因素和解释。因此，对于定性研究，特别是在确定因果关系时，需要谨慎对待，并尽量避免个人的主观偏见。同时，可以采用多方法的研究设计，例如，与定量研究相结合，以获得更全面和可靠的结论。

综上所述，虽然定性研究可以提供对因果关系的初步线索和深入理解，但它无法直接确定干预方法和效果之间的因果关系。在评估这种关系时，我们应首先考虑随机对照实验证据，并综合考虑多种类型的研究设计和证据，以获得更可靠和全面的结论。

第三节　循证社会工作的专家权威和标准化工具

一　循证社会工作中的专家权威

（一）依据专家权威做出决策的可能情形

在循证社会工作实践中，证据"金标准"是一种重要的指导原则，要求确保干预和决策基于可靠的科学证据。然而，有时坚持证据"金标准"可能会导致一线的社会工作者和政策制定者在干预与资源分配方面产生决策困难，在这种情况下，专家的权威观点、意见就可能被作为决策的依据。

1. 缺乏针对特定问题的充足、高质量的证据

社会工作者或政策制定者无法完全依据"金标准"证据的指导做出决策。例如，针对某些小众群体或特定社会问题，可能缺乏大规模、随机对照实验等强证据级别的研究。这就可能使社会工作者或政策制定者难以依据证据做出决策，而不得不依赖专家意见、案例研究或专业经验来弥补证据的不足。

2. 缺乏明确证据的复杂情境

多样性和复杂性使社会工作的实践环境通常涉及复杂、多样

的问题和情境，单一的证据"金标准"可能无法完全涵盖多样性和复杂性。特别是当新的社会问题或特殊情况出现时，可能缺乏现成的、经过严格科学验证的证据。例如，在突发公共卫生事件中，社会工作者需要迅速回应受影响人群的心理和社会需求，但关于此类事件对特定人群（如低收入社区居民或特定职业群体）的长期影响以及最有效的干预措施可能还没有明确的科学研究结果。在这种情况下，由于缺乏证据"金标准"的指导，一线社会工作者和政策制定者可能会在决策上感到困难，从而更容易倾向于参考专家权威的观点。

3. 时间紧迫的情况

在一些紧急情况下，没有足够的时间去收集和分析科学证据。比如，在自然灾害发生后，需要立即为受灾群众提供援助和支持，包括安置住所、提供心理疏导等。此时，决策者可能无法等待漫长的科学研究过程来确定最佳的干预方案，而会参考专家基于以往经验和专业判断给出的建议，因为专家在这种情况下能够凭借其丰富的经验和快速的反应能力，提供一些可行的解决方案，尽管这些方案并非完全基于严谨的科学证据。

4. 资源有限的情况

当资源有限时，需要在不同的干预方案中做出选择，但可能没有足够的证据来确定哪种方案最具成本效益。例如，在一个预算紧张的社区服务项目中，需要决定是将有限的资金投入儿童教育支持还是投入老年人健康照顾。由于缺乏明确的证据来比较这两种干预措施的效果和回报，决策者可能会寻求专家权威的意见，以帮助自己在资源分配上做出艰难的决策。

5. 跨学科问题

在涉及多个学科领域的复杂问题中，可能难以找到单一的、明确的科学证据来指导决策。例如，在处理与环境问题相关的社会不平等问题时，需要综合考虑环境科学、社会学、经济学等多个学科的知识。在这种情况下，由于不同学科的研究方法和结论可能存在差异，证据"金标准"可能难以确定，决策者可能会依赖跨学科专家的权威意见来整合不同领域的知识，制定综合的干预策略。

（二）依据专家权威做决策可能产生的影响

1. 缺乏科学性和有效性

专家权威决策可能主要基于个人经验和主观判断，而非经过严格科学验证的证据。这可能导致所选择的干预措施缺乏科学依据，无法确保对服务对象产生预期的积极效果。例如，在处理青少年心理问题时，如果仅依靠专家的个人经验选择治疗方法，而没有科学证据支持其有效性，可能会使服务对象无法得到最合适的帮助，甚至可能延误病情。同时，由于缺乏科学证据的支撑，决策可能具有较大的不确定性。不同专家的观点可能存在差异，这就难以保障服务的质量。例如，对于一个特定的社区发展项目，不同的专家可能提出不同的策略，而没有明确的科学标准来判断哪种策略更为有效，从而导致服务质量的波动。

2. 服务片面性

专家权威往往具有特定的专业背景和经验领域，这可能导致决策偏向于他们熟悉的方法和策略，而忽视其他可能更合适的选择。例如，一位具有心理学背景的专家在处理家庭问题时，可能更倾向于从心理治疗的角度出发，而忽略了社会支持网络或经济因素对家庭问题的影响。同时，专家权威决策可能过于注重当前的问题解决，而忽视了服务对象的长期发展需求。例如，在为失业人员提供就业辅导时，专家可能只关注怎么帮助他们尽快找到工作，而忽略了怎么提升他们的职业技能和就业竞争力，以实现长期的稳定就业。

3. 阻碍专业创新与进步

过度依赖专家权威决策可能会抑制新的研究和实践方法的发展。因为在这种情况下，人们更倾向于遵循专家的意见，而不愿意尝试新的、未经专家认可的方法。这将阻碍循证社会工作领域的创新，使社会工作实践难以适应不断变化的社会需求。例如，在新兴的数字技术应用于社会工作领域时，如果专家权威对这些新技术持保守态度，可能会阻碍社会工作者探索和应用这些创新方法，从而影响行业的发展。同时，缺乏对"金标准"证据的追求可能导致专业发展停滞不前。当专家权威决策成为主导时，人们可能会减少对科学研究的投入和努力，从而无法积累更多的科学证据来推动专业的发展。

4. 影响专业公信力

当专家权威决策出现错误或不一致时，会降低社会工作专业在公众和其他专业领域中的公信力。例如，如果不同的专家在处理同一社会问题时给出截然不同的建议，这会让公众对社会工作的专业性产生怀疑。此外，缺乏科学证据的支持也会使社会工作专业在与其他领域合作时面临困难。其他专业领域可能更倾向于基于科学证据的决策方法，而对单纯依赖专家权威的社会工作决策持怀疑态度。这将影响社会工作在跨专业合作中的地位和作用，进一步削弱专业公信力。

（三）在专家权威决策中确保社会工作的科学性和有效性

1. 多渠道收集信息

首先，系统地回顾相关领域的理论文献、研究报告和案例分析。虽然可能没有直接针对当前复杂情境的证据，但可以从相近领域或类似问题的研究中获得经验和启示。例如，在面对新出现的社会问题时，可以参考以往类似社会现象的研究成果，分析其共性和差异，为当前问题的解决提供参考框架。同时，查阅专业机构和组织发布的指南、报告和政策文件。政策通常是基于大量的实践经验和专家意见制定的，虽然这些不一定是严格的科学证据，但可以为决策提供一定的指导。例如，国际社会工作组织发布的关于特定社会问题的应对指南，可以为社会工作者在缺乏明确证据的情况下提供一些原则和方法。

其次，开展实地调研。通过深入的实地观察、访谈和焦点小组讨论等方法，直接了解服务对象的需求、问题和经验。这种第一手资料可以帮助社会工作者更好地理解复杂情境的具体特点，为制定针对性的干预措施提供依据。例如，在一个新的社区发展项目中，社会工作者可以与社区居民进行面对面的交流，了解他们的生活状况、需求和期望，以及对可能的干预措施的看法和建议。同时，还可以与其他相关机构和专业人员合作进行调研。可以与政府部门、学术机构、社会组织等合作，共同开展调研活动，整合不同领域的专业知识和资源，提高调研的质量和深度。例如，在处理一个涉及多个部门的社会问题时，社会工作者可以与卫生部门、教育部门、法律机构等合作，共同收集信息，分析问题，制订综合的解决方案。

2. 建立灵活的决策机制

首先，采用迭代式决策方法。在复杂情境中，由于信息不完整和不确定性较高，决策往往需要不断调整和完善。可以采用迭代式决策方法，即先根据现有信息做出初步决策，然后在实施过程中不断收集反馈信息，根据实际情况进行调整和优化。例如，在一个新的社区服务项目中，可以先制订一个初步的服务计划，然后在实施过程中根据服务对象的反馈、社区环境的变化等因素，对服务内容和方式进行调整，以提高服务的效果和适应性。同时建立定期评估和反馈机制，及时了解决策的实施效果和存在的问题。可以通过问卷调查、访谈、观察等方法，收集服务对象、合作伙伴和利益相关方的反馈意见，对决策进行评估和反思。根据评估结果，及时调整决策，确保决策的科学性和有效性。例如，在一个长期的社会救助项目中，可以定期对救助对象的生活状况进行评估，及时了解救助措施的效果和存在的问题，以便调整救助方案，提高救助的针对性和实效性。

其次，鼓励创新和尝试。在缺乏明确证据的情况下，要鼓励社会工作者勇于创新和尝试新的干预方法和服务模式。可以设立创新基金或奖励机制，激励社会工作者提出创新性的解决方案。同时，要为创新和尝试提供一定的支持和保障，降低创新的风险和成本。例如，在一个新的社会服务领域，可以支持社会工作者开展试点项目，尝试新的服务模式和方法，通过实践探索有效的解决方案。此外，可以建立容错机制，在创新与尝试的过程中允许出现一些错误和失败。要认识到，在复杂的情境下，决策的不确定性较高，创新和尝试必然伴随着风险。因此，要建立容错机制，鼓励社会工作者从失败中吸取教训，不断改进和完善决策。例如，在一个创新项目失败后，要组织团队进行反思和总结，分析失败的原因，为今后的决策提供经验教训。

3. 促进循证决策过程的透明与参与

首先，应公开决策依据和过程。要求专家在决策过程中详细记录决策依据和分析过程，并向利益相关方公开。例如，发布决策报告，说明决策的背景、目标、证据收集和分析方法、决策结果以及可能的影响，让公众了解决策的科学性和合理性。同时，接受公众的监督，设立反馈渠道，及时回应公众的意见和建议。例如，通过在线平台或公开听证会的形式，让公众对专家决策提出意见和建议，专家团队应认真对待并及时回复，以提高决策的透明度和公信力。

其次，鼓励多方参与决策。邀请服务对象、社会工作者、社区代表等利益相关方参与决策过程，充分听取他们的意见和需求。例如，在制订针对特定群体的服务计划时，组织焦点小组讨论或社区会议，让服务对象和社区代表参与决策，确保决策符合他们的实际需求和利益。同时，建立专家与利益相关方的沟通机制，促进双方的交流和合作。例如，定期举办专家与社会工作者、服务对象的座谈会，共同探讨问题、分享经验，提高决策的针对性和可操作性。

二　循证实践中的标准化评估工具

（一）标准化评估工具在循证社会工作中的应用

1. 标准化评估工具的优势

标准化评估工具在循证社会工作中起着至关重要的作用。它为社会工作者提供一种客观、科学的方法来评估服务对象的需求和问题，以便制订更具有针对性的干预计划。例如，一些评估工具可以量化服务对象的心理状态、社会功能、生活质量等方面的情况，为社会工作者提供具体的数据参考。标准化评估工具具有多方面的优势。

首先，客观性强。标准化评估工具通常经过严格的科学研究和验证，其设计和评分标准具有明确的规范，能够最大限度地减少评估者主观因素的影响。例如，在使用心理状态评估量表时，每个问题的答案选项和评分规则都是固定的，评估者只需根据服务对象的回答进行客观评分即可，避免了因个人喜好、情绪等主观因素导致的评估偏差。而非标准化的深度访谈、焦点小组讨论等质性研究方法，虽然能获取丰富的信息，但在很大程度上依赖于评估者的提问技巧、理解能力和主观判断，容易出现不同评估者对同一服务对象得出不同评估结果的情况。而且标准化评估工具可以在不同的时间、地点和评估者之间保持较高的一致性。无论谁使用该工具对服务对象进行评估，只要按照规定的程序和标准进行操作，就能得到相对稳定的评估结果。这对于长期跟踪服务效果、比较不同服务项目或机构的服务质量非常重要。例如，在多个社区开展的同一类型的养老服务项目中，使用标准化的老年人生活质量评估量表，可以准确地比较不同社区服务的效果差异，为改进服务提供科学依据。而参与式观察、服务对象反馈机制等非标准化评估方法，由于评估者的个体差异、观察角度的不同以及服务对象反馈的主观性，很难保证评估结果的一致性。

其次，高效性。标准化评估工具通常具有明确的操作流程和时间限制，可以在较短的时间内完成对服务对象的评估。例如，使用标准化的问卷进行调查，可以快速收集大量服务对象的信息，提高评估效率。而深度访谈、焦点小组讨论等质性研究方法对于大规模的服务项目来说，可能会耗费大量的时间和人力成本。参与式观察也需要评估者投入较长的时间进行观察和记录，而且观察结果的分析和整理也比较耗时。相比之下，标准化评估工具能够更快速地获取评估结果，为及时调整服务策略提供依据。

最后，合作性。标准化评估工具还可以促进跨专业合作和知识共享。标准化评估工具的结果通常以量化的形式呈现，便于进行统计分析和数据处理。可以使用各种统计软件对评估数据进行分析，得出客观、准确的结论。例如，通过对标准化量表的得分进行统计分析，可以了解服务对象在不同维度上的表现，为制订个性化的服务方案提供数据支持。非标准化评估工具的结果往往以文字描述、图片、视频等形式呈现，数据处理相对困难。虽然可以通过内容分析等方法对质性数据进行处理，但这种方法相对复杂，且主观性较强，可能会影响分析结果的准确性。因此，不同专业领域的人员可以使用相同的评估工具，便于交流和沟通，提高了服务的协同性和综合性。

2. 社会工作中运用的标准化评估工具

下面列举一些标准化评估工具，以帮助大家了解标准化评估工具在循证社会工作中的应用。

（1）社会支持评定量表（Social Support Rating Scale，SSRS）。SSRS 由我国学者肖水源等编制，用于测量个体的社会关系和所获得的社会支持情况，包括客观支持、主观支持和对支持的利用度三个维度。客观支持是指实际得到的物质上或实际行动上的支持；主观支持是指个体主观感受到的被支持、被理解的情感体验；对支持的利用度则反映个体对所获得的支持的使用情况。社会支持评定量表常用于评估服务对象的社会支持网络是否健全，以便社会工作者根据评估结果制订相应的干预计划，如帮助服务对象拓展社交圈子、增强与家人朋友的联系等。

（2）生活质量量表（如 SF-36、WHOQOL-BREF 等）。SF-36 是一种常用的普适性生活质量评估量表，包括生理功能、躯体疼痛、总体健康、活力、社会功能、情感功能、精神健康等维度，能够全面评估个体的生理和心理方面的生活质量。通常用于评估服务对象在接受干预前后生活质量的变化，以衡量社会工作服务的效果。比如，在对慢性病老年人的社会工作服务中，使用

SF-36 量表可以了解老年人在健康管理、心理调适等方面的生活质量改善情况。

（3）生活质量评估量表简版（WHOQOL-BREF）。该量表主要用于生活质量评估，强调个体在身体、心理、社会和环境等多个领域的综合体验，包含身体、心理、社会关系和环境四个领域的评估，每个领域又包含若干个条目。它适用于不同文化背景和人群的生活质量评估，在国际上得到广泛应用。在跨文化的社会工作服务中，WHOQOL-BREF 可以帮助社会工作者了解不同文化背景下服务对象的生活质量需求和差异。

（4）儿童行为评估系统（Behavior Assessment System for Children，BASC）。BASC 主要用于评估儿童和青少年的行为和情绪问题，包括父母评定量表、教师评定量表和学生自评量表等多种形式。它涵盖了多个方面的行为和情绪特征，如外化行为问题（如攻击、违纪等）、内化行为问题（如抑郁、焦虑等）、适应能力等。在儿童社会工作中，社会工作者可以通过该量表了解儿童的行为和情绪状况，为制订个性化的干预方案提供依据。例如，在学校社会工作中，教师可以使用教师评定量表对学生的行为问题进行评估，以便社会工作者与学校合作开展相应的辅导和支持工作。

（5）家庭功能评估量表（如 APGAR 家庭功能评估量表）。家庭功能评估量表主要用于评估家庭功能的完整性和有效性，简单易操作。它主要从适应度（Adaptation）、合作度（Partnership）、成长度（Growth）、情感度（Affection）、亲密度（Resolve）五个方面进行评估，每个方面英文的首字母组合起来即为"APGAR"。它可以帮助社会工作者了解服务对象家庭的功能状况，发现家庭成员之间的沟通障碍、角色冲突等问题，从而制定相应的家庭干预策略，促进家庭的健康发展。例如，在家庭治疗中，社会工作者可以使用 APGAR 量表评估家庭功能。

（6）老年人抑郁筛查量表（Geriatric Depression Scale，GDS）。GDS 是对老年人的抑郁情绪进行评估的量表。该量表通过一系列与老年人生活相关的问题，评估老年人的抑郁程度。在老年社会工作中，社会工作者可以使用该量表筛查老年人的抑郁情绪，发现存在抑郁风险的老年人，并提供相应的心理支持和干预。例如，在养老院或社区老年服务中心，定期使用 GDS 对老年人进行抑郁状况筛查，可以早期发现并干预老年人的抑郁问题。

（7）症状自评量表（SCL-90）。症状自评量表，又称 90 项症状清单，是一种广泛应用的心理健康评估工具，能综合评估个体在多个心理症状维度上的表现。量表包括躯体化、强迫症状、人际关系敏感、抑郁、焦虑、敌对、恐怖、偏执、精神病等 9 个症状因子。在社会工作中，该量表常用于筛查服务对象是否存在抑郁症、焦虑症等心理方面的问题，为进一步的心理干预提供依据。例如，在社区心理健康服务项目中，社会工作者可以使用该量表对社区居民进行心理健康状况的普查。

（二）学界对标准化评估工具的怀疑

1. 逻辑——方法的质疑

首先，证据逻辑与实务情境的冲突。在实际应用中，循证的证据逻辑与社会工作实务特点存在明显矛盾。循证实践强调依据科学研究证据进行决策和干预，追求普遍性和客观性。然而，社会工作实务具有高度的情境性和特殊性。每个服务对象都处于独特的社会环境中，面临不同的问题和挑战。例如，在处理家庭纠纷问题时，标准化的评估工具可能侧重于家庭成员之间的沟通模式、冲突频率等量化指标，但实际上，家庭关系的复杂性远非这些指标所能涵盖。不同的文化背景、家庭价值观以及个人情感因素都会对家庭纠纷产生重要影响。

其次，标准化评估工具与实际场域存在不适应之处。社会工作实务是动态变化的，具有不确定性和复杂性。而标准化评估工具往往具有固定的结构和指标体系，难以灵活应对实际场域的变化。例如，在社区发展项目中，社区的需求和问题会随着时间的推移而不断变化，可能出现新的利益群体、新的社会问题等。然而，标准化评估工具可能无法及时反映这些变化，导致评估结果与实际情况不符。此外，实际场域中的资源分配、权力关系等因素也会影响评估的实施和结果。在资源有限的情况下，标准化评估工具可能无法充分考虑资源分配的公平性和合理性，从而影响服务的质量和效果。

2. 权力——话语维度的质疑

首先，权力非对称性的挑战。在社会工作实践中，权力非对称性对评估工具的应用产生影响。一方面，社会工作者与服务对象之间存在权力差异。社会工作者通常掌握着专业知识和评估工具的使用方法，而服务对象则处于相对弱势的地位。这种权力差异可能导致服务对象在评估过程中无法充分表达自己的真实需求和意见，从而影响评估结果的准确性。例如，在一些贫困社区的社会工作项目中，服务对象可能由于文化水平低、自信心不足等，不敢怀疑标准化评估工具或补充自己的看法。另一方面，不同利益相关方之间的权力差异也会影响评估工具的应用。在社会工作实践中，除了社会工作者和服务对象外，还涉及政府部门、社会组织、企业等多个利益相关方。这些利益相关方之间的权力关系比较复杂，可能会影响评估工具的选择、实施和结果的解读。例如，在一些由政府主导的社会工作项目中，政府部门可能更倾向于使用能够体现政策目标的评估工具,而忽视了服务对象的实际需求。这种权力非对称性可能导致评估结果的片面性,影响服务的质量和效果。

其次,证据合法性的单向度建构。标准化评估工具通常是基于特定的理论框架和研究方法构建的,其证据合法性往往来自专业领域的认可。然而,这种单向度的证据合法性构建方式可能忽视了服务对象的声音和经验。服务对象作为社会工作实践的直接参与者,他们的经验和感受对评估工具的有效性和适用性具有重要意义。例如,在一些心理健康服务项目中,服务对象可能觉得这些标准化的心理评估工具过于机械和冷漠,无法真正理解他们的痛苦和困惑。

最后,证据合法性的单向度建构还可能导致评估工具的僵化和保守。由于评估工具的合法性主要来自专业领域的认可,因此在实际应用中,社会工作者可能会过于依赖这些工具,而忽视了社会变化和服务对象需求的多样性。例如,随着社会的发展和进步,人们对于性别平等、多元文化等问题的认识不断提高,传统的评估工具可能无法适应这些新的社会需求。

3. 管理——问责维度的质疑

首先,"好服务"的标准具有复杂性与模糊性。一方面,不同的利益相关方对于"好服务"的理解可能存在差异,例如,政府可能更关注服务的效率和成本效益,而服务对象可能更注重服务的人性化和个性化。这种差异使评估工具难以确定一个统一的、被各方认可的评估标准。另一方面,"好服务"标准的模糊性也增加了评估的难度。社会工作者在使用标准化评估工具时难以准确把握评估的重点和方向。例如,"好服务"标准中提到的"服务对象满意度"这一指标,如何准确测量服务对象满意度、满意度的标准又是什么，这些问题都没有明确的答案，从而使评估结果的可靠性和有效性受到怀疑。

其次，管理压力与异化风险。一方面，社会工作机构的管理和成本效益核算可能促使社会工作者为了满足管理要求而过度依赖标准化评估工具，从而忽视了服务对象的实际需求和独特性。例如，在一些政府资助的社会工作项目中，为了确保项目能够通过评估，社会工作者可能会过度使用标准化评估工具。另一方面，在一些绩效考核严格的项目中，社会工作者可能会故意选择那些容易得到高分的评估指标，或者对服务对象的反馈进行筛选和修改，以提高评估结果。这种滥用和误用不仅会影响评估的真实性和可靠性，还可能对服务对象造成伤害。

（三）循证社会工作者针对标准化评估工具质疑的回应

1. 理解标准化评估工具和非标准化评估工具二者之间的差异

标准化评估工具的设计目的就是在不同情境中获得具有可比性和可靠性的结果。它以大规模的科学研究和统计分析为基础建立一套通用的评估指标和方法，以便能够对不同个体、群体或项目进行客观的测量和评价。非标准化评估工具注重特殊性和情境性，目的是提供丰富细致的信息，为个性化解决方案提供依据，适用于深入研究特定个体或社区。

虽然标准化评估工具的局限性主要在于无法完全适应特定情境的复杂性和特殊性，但是可以通过结合非标准化工具的使用，深入了解特定个体、群体或社区的具体情况，以及探索新的问题和现象，而且不断进行工具的改进和创新，结合新的研究成果和实践经验，增强工具的灵活性和敏感性。因此，科学研究证据和标准化的评估工具完全可以作为社会工作实务提供基础性评估工具和实践指导。标准化评估工具和非标准化评估工具的使用不是非此即彼，二者的差异也并非不可调和。

2. 树立以标准化评估工具为基础的评估工具灵活应用理念

首先，不单纯依赖标准化评估工具，而是结合多种评估方法，以更全面地了解服务对象和实际场域。例如，可以采用质性研究方法，如深度访谈、观察、案例分析等，与标准化评估工具相互补充，深入了解服务对象的主观体验、社会环境等因素。在社区发展项目中，可以通过与社区居民的访谈和观察，了解社区的历史、文化、社会关系等方面的情况，为评估提供更丰富的信息。

其次，灵活运用评估方法，根据实际情况进行调整和创新。在面对紧急情况或资源有限的情况下，可以采用快速评估方法，及时了解问题的关键所在，为决策提供初步依据；在长期的服务项目中，可以结合定期的全面评估和不定期的专项评估，动态地了解服务对象的变化和需求。

再次，持续改进标准化评估工具。可以通过收集实际应用中的反馈意见、开展实证研究等方式，了解评估工具在不同情境中的适用性和有效性，及时发现问题并进行调整。例如，可以在标准化量表中增加一些开放性问题，以便收集更多信息；或者开发针对特定人群或情境的专用评估工具。

最后，鼓励社会工作者和研究者共同参与评估工具的开发和改进，提高其与实务的契合度。可以建立合作研究机制，邀请社会工作者参与评估工具的设计和验证过程，充分听取他们的意见和建议，使评估工具更符合实际工作的需要。

3. 在评估过程中纳入公平性考量

首先，在评估过程中充分考虑资源分配的公平性和合理性，确保评估结果能够反映不同利益群体的需求和权益。可以通过开展利益相关方分析、参与式评估等方法，了解不同群体在资源分配中的地位和需求，将公平性原则纳入评估指标体系。例如，在社会救助项目中，不仅要评估服务对象的经济状况，还要考虑其社会支持网络、文化背景等因素，以确保资源能够公平地分配给最需要的人。

其次，可以分析权力关系的影响。认识到实际场域中的权力关系对评估实施和结果的影响，在评估过程中可以通过开展社会网络分析、权力地图绘制等方法，了解不同利益群体之间的权力关系结构，识别潜在的权力不平等问题，并采取相应的措施进行干预。例如，在社区发展项目中，如果发现某些利益群体在决策过程中占据主导地位，而其他群体的声音被忽视，可以通过组织民主协商、建立利益协调机制等方式，促进权力的平衡和公平参与。

最后，培养社会工作者在评估过程中关注权力关系的影响，并采取积极的行动促进社会公正。通过专业培训、案例分析等方式，提高社会工作者对权力关系的敏感度和分析能力，使其能够在实际工作中识别和挑战权力不平等现象，为服务对象争取更多的资源和权益。

参考文献

拜争刚、吴淑婷、齐铱，2017，《循证理念和方法在中国社会工作领域的应用现状分析》，《社会建设》第 4 期。

布赖恩·科尔比，2010，《社会工作研究的实践应用》，格致出版社、上海人民出版社。

陈树强，2005，《以证据为本的实践及其在社会工作中的应用》，《中国社会工作研究》（第三辑），社会科学文献出版社。

陈振明、黄元灿，2019，《智库专业化建设与公共决策科学化——当代公共政策发展的新趋势及其启示》，《公共行政评论》第 12 卷第 3 期。

戴小文、曾维忠、庄天慧，2017，《循证实践框架下的精准扶贫探索：研究者定位与职责》，《贵州社会科学》第 1 期。

戴小文、曾维忠、庄天慧，2016，《循证实践：一种新的精准扶贫机制与方法学探讨》，《四川师范大学学报》（社会科学版）第 3 期。

郭伟和，2017，《扩展循证矫正模式：循证矫正在中国的处境化理解和应用》，《社会工作》第 5 期。

郭伟和，2016，《嵌入和自主——中国专业社会工作发展十年的回顾与展望》，《中国民政》第 23 期。

郭伟和、徐明心、陈涛，2012，《社会工作实践模式：从"证据为本"到反思性对话实践——基于"青红社工"案例的行动研究》,《思想战线》第 3 期。

郭伟和, 2019,《中国社会工作专业实践的研究理路——整合结构主义和实用主义、实证知识和实践智慧的本土创新》,《社会工作》第 4 期。

何雪松, 2004,《证据为本的实践的兴起及其对中国社会工作发展的启示》,《华东理工大学学报》(社会科学版) 第 1 期。

李树文, 2014,《以证据为本的社会工作实践模式的反思——对几个社会服务项目的研究》,《理论界》第 1 期。

李筱、段文杰, 2021,《循证社会工作的科学价值与学科价值——兼论开展循证社会工作的若干原则与方法》,《社会工作》第 3 期。

刘玲、彭华民, 2019,《循证单元:时间向度中的本土循证社会工作模式》,《华东理工大学学报》(社会科学版) 第 4 期。

马凤芝, 2013,《社会工作实践模式的演变及对我国的启示》,《中国青年政治学院学报》第 2 期。

马小亮、樊春良, 2015,《基于证据的政策:思想起源、发展和启示》,《科学学研究》第 3 期。

玛丽埃伦·里士满, 2019,《社会诊断》,华东理工大学出版社。

彭少峰、张昱, 2015,《循证社会工作的本土模式、实践限度与可能价值——以南通循证矫正为例》,《学习与实践》第 2 期。

齐铱, 2017,《主持人语 循证理念和方法:中国社会工作科学化和专业化发展的助推器》,《社会建设》第 4 期。

任超、杨孟辉、杨冠灿、霍朝光、卢小宾, 2023,《基于知识图谱的循证政策中科学证据推荐研究——以新冠肺炎疫情防控政策为例》,《图书情报工作》第 2 期。

谭磊，2021，《循证社会工作：我国本土语境下理念与实务的融合》，《理论月刊》第 2 期。

童峰、杨文登，2019，《循证社会工作："医养结合"的新力量》，《人民论坛》第 25 期。

童峰、杨轶、王娜娜，2021，《回忆疗法对老年人抑郁症状缓解的有效性：系统评价》，《华东理工大学学报》（社会科学版）第 3 期。

王君健，2019，《循证社会工作建构的可能、挑战及趋向》，《社会科学家》第 12 期。

王思斌，2011，《中国社会工作的嵌入性发展》，《社会科学战线》第 2 期。

王英、拜争刚、吴同、王静、陈爽、祝晓萍、齐铱，2017，《社区层面开展的多专业联合干预老年自杀有效吗?》，《华东理工大学学报》（社会科学版）第 6 期。

吴越菲，2018，《社会工作"去专业化"：专业化进程中的理论张力与实践反叛》，《河北学刊》第 4 期。

杨克虎、李秀霞、拜争刚，2018，《循证社会科学研究方法：系统评价与 Meta 分析》，兰州大学出版社。

杨文登，2014，《社会工作的循证实践：西方社会工作发展的新方向》，《广州大学学报》（社会科学版）第 2 期。

杨文登、叶浩生，2012，《社会科学的三次"科学化"浪潮：从实证研究、社会技术到循证实践》，《社会科学》第 8 期。

殷妙仲，2011，《专业、科学、本土化：中国社会工作十年的三个迷思》，《社会科学》第 1 期。

詹姆斯·C. 斯科特，2004，《国家的视角：那些试图改善人类状况的项目是如何失败的》，社会科学文献出版社。

张海、陈雨晴，2022，《西方社会工作循证实践的反思性研究综述》，《华东理工大学学报》（社会科学版）第 3 期。

张敏、刘薇，2022，《重大决策中专家风险感知差异与专家意见的融合使用》，《领导科学》第 9 期。

张昱、彭少峰，2015，《走向适度循证的中国社会工作——社会工作本土实践探索及启示》，《福建论坛》（人文社会科学版）第 5 期。

张正严、李侠，2013，《“基于证据”——科技政策制定的新趋势》，《科学管理研究》第 1 期。

张忠，2013，《专家参与行政决策的功能及其实现》，《理论月刊》第 2 期。

郑广怀、张若珊，2020，《价值理念的本土化：三十年来中国社会工作发展的反思》，《中国研究》第 2 期。

周晓春、邹宇春、黄进，2019，《青年的金融风险、金融能力和社会工作干预》，《青年研究》第 3 期。

周志忍、李乐，2013，《循证决策：国际实践、理论渊源与学术定位》，《中国行政管理》第 12 期。

朱健刚、陈安娜，2013，《嵌入中的专业社会工作与街区权力关系——对一个政府购买服务项目的个案分析》，《社会学研究》第 1 期。

Anita, G. 2001. "The Changing Nature and Context of Social Work Research," *British Journal of Social Work* 31 (5): 687-704.

Atherton, C. R. and Bolland, K. A. 2002. "Postmodernism: A Dangerous Illusion for Social Work," *International Social Work* 45 (4): 421-433.

Austin M. D. 1979. Identifying Research Priorities in Social Work Education [C] //Rubin A. E. , Rosenblatt A. E. 53–78.

Baicker, K. and Chandra, A. 2017. "Evidence-based Health Policy," *The New England Journal of Medicine* 377 (25): 2413.

Bardill, M. 1993. "Should All Social Work Students Be Educated for Social Change?" *Journal of Social Work Education* 29 (1): 6–12.

Belsky, J. , Melhuish, E. and Barnes, J. , 2008. "Research and Policy in Developing an Early Years' Initiative: The Case of Sure Start." *International Journal of Child Care and Education Policy* 2: 1–13.

Bigby, C. , Douglas, J. and Carney, T. 2017. "Delivering Decision Making Support to People with Cognitive Disability—What Has Been Learned from Pilot Programs in Australia from 2010–2015," *Australian Journal of Social Issues* 52: 222–240.

Blau, J. N. 1997. "Evidence-based Medicine," *Journal of Evaluation in Clinical Practice* 3 (2).

Brekke, J. S. 2012. "Shaping a Science of Social Work," *Research on Social Work Practice* 22 (5): 455–464.

Briggs, H. E. and McBeath, B. 2009. "Evidence-based Management: Origins, Challenges, and Implications for Social Service Administration," *Administration in Social Work* 33 (3): 242–261.

Cames, M. 2016. "How Additional is the Clean Development Mechanism? Analysis of the Application of Current Tools and Proposed Alternatives," Study Prepared For DG CLIMA, Oeko-Institut e. V.

Campbell, D. T. 1988. "A General 'Selection Theory', as Implemented in Biological Evolution and in Social Belief-Transmission-with-Modification in Science, " *Biology and Philosophy* 3: 171-177.

Carniol, B. 1992. "Structural Social Work: Maurice Moreau's Challenge to Social Work Practice," *Journal of Progressive Human Services* 3 (1): 1-20.

Charlton, B. G. 1997. "Restoring the Balance: Evidence-based Medicine Put in Its Place," *Journal of Evaluation in Clinical Practice* 3 (2).

Cheetham, J. 1992. "Evaluating Social Work Effectiveness," *Research on Social Work Practice* 2 (3): 265-287.

Christensen, T. and Lægreid, P. 2011. "Democracy and Administrative Policy: Contrasting Elements of New Public Management (NPM) and Post-NPM," *European Political Science Review* 3 (1): 125-146.

Connolly, P., Keenan, C., and Urbanska, K. 2018. "The Trials of Evidence-based Practice in Education: A Systematic Review of Randomised Controlled Trials in Education Research 1980 - 2016," *Educational Research* 60 (3): 276-291.

De Jong, P. and Miller, S. D. 1995. "How to Interview for Client Strengths," *Social Work* 40 (6): 729-736.

DelVecchio, G., M. J., and Seth Donal Hannah. 2015. "'Shattering Culture': Perspectives on Cultural Competence and Evidence-based Practice in Mental Health Services." *Transcultural Psychiatry* 52. 2 ( ): 198-221.

Dillon, D. R., O'Brien, D. G. and Heilman, E. E. 2000. "Literacy Research in the Next Millennium: From Paradigms to Pragmatism and Practicality," *Reading Research Quarterly* 35 (1): 10-26.

Eileen, G. 2006. "Evidence-based Practice and Policy: Choices

Ahead," *Research on Social Work Practice* 16 (3): 338–357.

Emparanza, J. I. , Cabello, J. B. and Burls, A. 2016. "Does Evidence-based Practice Improve Patient Outcomes? An Analysis of a Natural Experiment in a Spanish Hospital," *Journal of Evaluation in Clinical Practice* 21 (6): 1059–1065.

Epstein, I. 1996. "In Quest of a Research—Based Model for Clinical Practice: Or, Why Can't a Social Worker Be More Like a Researcher?" *Social Work Research* 20 (2): 97–100.

Fabricant, M. , Burghardt, S. F. and Epstein, I. 1992. *The Welfare State Crisis and the Transformation of Social Service Work*. London: Routledge.

Farley, A. J. , Feaster, D. , Schapmire, T. J. , D'Ambrosio, J. G. and Sar, B. K. 2009. "The Challenges of Implementing Evidence Based Practice: Ethical Considerations in Practice, Education, Policy, and Research," *Social Work & Society* 7 (2): 246.

Fawcett, B. and Featherstone, B. 1998, *Quality Assurance and Evaluation in Social Work in a Postmodern Era*. Routledge.

Feilzer, M. Y. 2010. "Doing Mixed Methods Research Pragmatically: Implications for the Rediscovery of Pragmatism as a Research Paradigm," *Journal of Mixed Methods Research* 4 (1): 6–16.

Finne, J. 2021, "Evidence-based Practice in Social Work: Who Are the Critics?" *Journal of Social Work* 21 (6): 1433–1449.

Fischer, J. 1973. "Is Casework Effective? A Review," *Social Work (New York)* 18 (1): 5–20.

Fitch, J. A. 1935. *Vocational Guidance in Action*. Columbia University Press.

Fook，J. and Pease，B. 1999. *Transforming Social Work Practice：Postmodern Critical Perspectives*. London：Routledge.

Fook，J. 2002. *Social Work：Critical Theory and Practice*. London：SAGE Publications.

Frederick，J. and Steiner. 1930. *Community Organization：A Study of Its Theory and Current Practice*. New York：Century Company.

Gambrill，E. 1999. "Evidence-based Practice：An Alternative to Authority-based Practice," *Families in Society* 80 (4)：341–350.

Gambrill，E. 2001. "Social Work：An Authority-based Profession," *Research on Social Work Practice* 11 (2)：166–175.

Garces，P. 2022. "Philosophical Pragmatism，Pragmatic Agency，and the Treatment of Evidence in Social Work," *Qualitative Social Work：QSW：Research and Practice* 21 (3)：621–636.

Gibbs，L. E. and Gambrill，E. 2002. "Evidence-based Practice：Counter Arguments to Objections," *Research on Social Work Practice* 12：452–476.

Gibbs，L. E. 2002. *Evidence-based Practice for the Helping Professions：A Practical Guide with Integrated Multimedia*. Cengage Learning.

Gilgun，J. F. 2005. "The Four Corner Stones of Evidence-based Practice in Social Work," *Research on Social Work Practice* 15 (1)：52–61.

Gray，M.，Plath，D. and Webb，S. 2009. *Evidence-based Social Work：A Critical Stance*. London：Routledge.

Gueron，J. 2007. "Building Evidence：What It Takes and What It Yields," *Research on Social Work Practice* 17 (1)：134–142.

Gueron，J. 2008. "The Politics of Random Assignment：Implementing

Studies and Impacting Policy," *Journal of Children's Services* 3 (1): 14-26.

Halmos, P. 2015. *The Personal and the Political: Social Work and Political Action*. London: Routledge.

Harms, L., Boddy, J. and Hickey, L., et al. 2022. "Post-Disaster Social Work Research: A Scoping Review of the Evidence for Practice," *International Social Work* 65 (3): 434-456.

Hausman, A. J. 2002. "Implications of Evidence-based Practice for Community Health," *American Journal of Community Psychology* 30 (3): 453-467.

Hoefer, R. A. 1993. "A Matter of Degree: Job Skills for Human Service Administrators," *Administration in Social Work* 17 (3): 1-20.

Hollway, W. 2001. "The Psycho-Social Subject in Evidence-based Practice," *Journal of Social Work Practice* 15 (1): 9-22.

Hothersall, S. J. 2018. "Epistemology and Social Work: Enhancing the Integration of Theory, Practice and Research through Philosophical Pragmatism," *European Journal of Social Work* 22 (5): 860-870.

Hwang, J. I. and Park, H. A. 2015. "Relationships Between Evidence-based Practice, Quality Improvement and Clinical Error Experience of Nurses in Korean Hospitals," *Journal of Nursing Management* 23 (5): 651-660.

Jansson, B. S. 1988. *The Reluctant Welfare State: A History of American Social Welfare Policies*. New York: Brooks/Cole.

John, H. and Ehrenreich. 1985. *The Altruistic Imagination: A History of Social Work and Social Policy in the United States*. Ithaca: Cornell

University Press.

Kadushin, A. 1976. "Men In a Woman's Profession," *Social Work* (*New York*) 21 (6): 440–447.

Karpetis, G. 2014. "Clinical Social Work Professionalization Perspectives among Mental Health Social Workers," *European Journal of Social Work* 17 (2): 293–305.

Kim, J. J., Brookman Frazee, L. and Barnett M. L., et al. 2020. "How Community Therapists Describe Adapting Evidence-based Practices in Sessions for Youth: Augmenting to Improve Fit and Reach," *Journal of Community Psychology* 48 (4): 1238–1257.

Lee and Porter. 1929. *Social Work: Cause or Function*, Chicago: University of Chicago Press.

Lubove, R. 1965. *The Professional Altruist: The Emergence of Social Work as a Career*, 1880–1930. Cambridge, Mass: Harvard University Press.

Magill, M. 2006. "The Future of Evidence in Evidence-based Practice: Who Will Answer the Call for Clinical Relevance?" *Journal of Social Work* 6 (2): 101–115.

McBeath, G. B. and Webb, S. A. 1991. "Social Work, Modernity and Post Modernity," *The Sociological Review* 39 (4): 745–762.

McNeece, C. A. and Thyer, B. A. 2004. "Evidence-based Practice and Social Work," *Journal of Evidence-based Social Work* 1 (1): 7–25.

Mersky, J. P., Topitzes, J. and Britz, L. 2019. "Promoting Evidence-based Trauma-Informed Social Work Practice," *Journal of Social*

Work Education 55 （4）: 645-657.

Miguel, E., Harthan, R. O. and Füssler Jürg Lazarus, M., et al. 2004. "Worms: Identifying Impacts on Education and Health in the Presence of Treatment Externalities," *Econometrica* 72 （1）: 159-217.

Morgan, W. K. C. 1997. "On Evidence, Embellishment and Efficacy," *Journal of Evaluation in Clinical Practice* 3 （2）.

Mues, K. E., Liede, A., Liu, J., Wetmore, J. B., Zaha, R., Bradbury, B. D., Collins, A. J. and Gilbertson, D. T. 2017. "Use of the Medicare database in Epidemiologic and Health Services Research: A Valuable Source of Real-world Evidence on the Older and Disabled Populations in the US." *Clinical Epidemiology* 9: 267-277.

Mullaly, R. P. 1997. *Structural Social Work: Ideology, Theory, and Practice.* New York: Oxford University Press.

Oakley A. 1998. "Experimentation and Social Interventions: A Forgotten but Important History," *BMJ* (Clinical Research ed.) 317 （7167）: 1239-1242.

Okpych, N. J. and Yu, J. L. 2014. "A Historical Analysis of Evidence-based Practice in Social Work: The Unfinished Journey Toward an Empirically Grounded Profession," *Social Service Review* 88 （1）: 3-58.

Oliver, K., and Pearce, W., 2017. "Three Lessons from Evidence-based Medicine and Policy: Increase Transparency, Balance Inputs and Understand Power," *Palgrave Commun* 3 （43）.

Oxman, A. D., Lavis, J. N., Lewin, S. and Fretheim, A. 2009.

"Suprort Tools for Evidence-Informed Health Policy Making (STP) 1: What Is Evidence-Informed Policy Making?" *Health Research Policy and Systems* 7 Suppl 1 (S1): S1.

Pansiri, J. 2005. "Pragmatism: A Methodological Approach to Researching Strategic Alliances in Tourism," *Tourism and Hospitality Planning & Development* 2 (3): 191–206.

Pawson, R. 2002. "Evidence-based Policy: In Search of a Method," *Evaluation* 8 (2): 157–181.

Payne, M. 1998. "Social Work Theories and Reflective Practice," In Adams, R. , Dominelli, L. , Payne, M. (eds.), *Social Work: Themes, Issues and Critical Debates*. London: Palgrave.

Pease, S. H. 1930. "Mental Hygiene Functions of the Public Health Nurse," *The Annals of the American Academy of Political and Social Science* 149 (3): 180–183.

Pfeffer, J. and Sutton, R. I. 2006. "Evidence-based Management," *Harvard Business Review* 84 (1): 62–133.

Pilcher, N. and Cortazzi, M. , 2024. 'Qualitative' and 'Quantitative' Methods and Approaches Across Subject Fields: Implications for Research Values, Assumptions, and Practices. " *Quality & Quantity* 58 (3): 2357–2387.

Rapp, C. A. and Goscha, R. J. 2006. *The Strengths Model: Case Management with People with Psychiatric Disabilities*. New York: Oxford University Press.

Reid, W. J. 2001. "The Role of Science in Social Work: The Perennial Debate," *Journal of Social Work* 1 (3): 273–293.

Richmond, M. E. 1917. *Social Diagnosis*. Russell Sage Foundation.

Roberts, A. and Yeager, K. 2006. *Foundations of Evidence-based Social Work Practice*. New York: Oxford University Press.

Robinson, K. A. , Brunnhuber, K. and Ciliska, D. et al. 2021. "Evidence-based Research Series-Paper 1: What Evidence-based Research Is and Why Is It Important?" *Journal of Clinical Epidemiology* 129 (prepublish): 151-157.

Rosen, A. and Proctor, E. 2003. *Developing Practice Guidelines for Social Work Intervention: Issues, Methods, and Research Agenda.* New York Chichester, West Sussex: Columbia University Press.

Rubin, A. and Parrish, D. 2007. "Views of Evidence-based Practice among Faculty in Master of Social Work Programs: A National Survey," *Research on Social Work Practice* 17 (1): 110-122.

Sackett, D. L. , Rosenberg, W. and Gray, J. et al. 1996. "Evidence based Medicine: What It Is and What It Isn't," *British Medical Journal* 312 (7023): 3-5.

Samuel, O. 2000. "Evidence-based Medicine: How to Practice and Teach EBM (2nd edn) ," *Family Practice* 17 (4): 356.

Scot, J. , Palmer, S. and Paykel, E. et al. 2003. "Use of Cognitive Therapy for Relapse Prevention," *The British Journal of Psychiatry* 182 (3): 221-227.

Shaw, I. , and Shaw, A. 1997. "Keeping Social Work Honest: Evaluating as Profession and Practice," *The British Journal of Social Work*: 27 (6).

Shaw, I. F. 2003. "Cutting Edge Issues in Social Work Research," *British Journal of Social Work* 33 (1): 107-120.

Shaw, I. F. 2011. *Evaluating in Practice*. London: Routledge.

Shulamit, R. , Jim, C. and Jane L. et al. 2006. "The Impact of Polit-
　　ical Conflict on Social Work: Experiences from Northern Ireland,
　　Israel and Palestine," *British Journal of Social Work* 36 (3):
　　435-450.

Songur, C. , Özer, Ö. and Gün, Ç. et al. 2017. "Patient Safety Cul-
　　ture, Evidence-based Practice and Performance in Nursing," *Sys-
　　temic Practice and Action Research* 31 (4): 359-374.

Stradling, J. R. and Davies, R. J. O. 1997. "The Unacceptable Face
　　of Evidence-based Medicine," *Journal of Evaluation in Clinical
　　Practice* 3 (2).

Tashakkori, A. and Teddlie, C. 2010. *SAGE Handbook of Mixed Meth-
　　ods in Social & Behavioral Research*. SAGE Publications, Inc.

Taylor-Robinson, D. C. , Maayan, N. and Soares-Weiser, K. et al.
　　2015. "Deworming Drugs for Soil-transmitted Intestinal Worms in
　　Children: Effects on Nutritional Indicators, Haemoglobin, and
　　School Performance," *The Cochrane Database of Systematic Reviews*
　　2015 (7): CD000371.

Teddlie, C. and Tashakkori, A. 2003. *Handbook of Mixed Methods in
　　Social and Behavioral Research*. London: SAGE Publications.

Tellings, A. E. J. M. 2017. "Evidence-based Practice in the Social Sci-
　　ences? A Scale of Causality, Interventions, and Possibilities for
　　Scientific Proof," *Theory & Psychology* 27 (5): 581-599.

Thompson, N. 2012. *Anti-Discriminatory Practice: Equality, Diversity
　　and Social Justice*. London: Bloomsbury Publishing.

Thyer, B. A. 2015. "A Bibliography of Randomized Controlled Experi-
　　ments in Social Work (1949-2013): Solvitur Ambulando," *Re-

search on *Social Work Practice* 25 (7): 753-793.

Thyer, B. A. and Kazi, M. 2004. *International Perspectives on Evidence-based Practice in Social Work*. Birmingham: Venture Press.

Thyer, B. A. 1991. "Guidelines for Evaluating Outcome Studies on Social Work Practice," *Research on Social Work Practice* 1 (1): 76-91.

Thyer, B. A. 2010. *Introductory Principles of Social Work Research*. 55 City Road: SAGE Publications, Inc.

Thyer, B. A. 2004. "What Is Evidence-based Practice?" *Brief Treatment and Crisis Intervention* 4 (2).

Tursi, M. F., Baes, C. V. and Camacho, F. R. et al. 2013. "Effectiveness of Psychoeducation for Depression: A Systematic Review," *The Australian and New Zealand Journal of Psychiatry* 47 (11): 1019-1031.

Van Kleeck, M. and Taylor, G. R. 1922. "The Professional Organization of Social Work," *The Annals of the American Academy of Political and Social Science* 101 (1): 158-168.

Welch, V. A., Ghogomu, E. and Hossain, A., Awasthi, S., Bhutta, Z., Cumberbatch, C., Fletcher, R., McGowan, J., Krishnaratne, S., Kristjansson, E., 2016. "Deworming and Adjuvant Interventions for Improving the Developmental Health and Well-being of Children in Low-and Middle-Income Countries," *Campbell Systematic Reviews* 12 (1): 1-383.

White, H. 2019. "The Twenty-first Century Experimenting Society: The Four Waves of the Evidence Revolution," *Palgrave Communications* 5: 47.

Witkin, S. L. and David, H. W. 2001. "Whose Evidence and for What Purpose?" *Social Work* (4): 293-296.

Zlotnik J. L. 2007. "Evidence-based Practice and Social Work Education: A View from Washington," *Research on Social Work Practice* 17 (5): 625-629.

图书在版编目（CIP）数据

循证社会工作导论 / 王英著 . -- 北京：社会科学
文献出版社，2024.12
ISBN 978-7-5228-3088-9

Ⅰ.①循…　Ⅱ.①王…　Ⅲ.①社会工作-研究　Ⅳ.
①C916

中国国家版本馆 CIP 数据核字（2024）第 019313 号

循证社会工作导论

著　　者／王　英

出 版 人／冀祥德
责任编辑／胡庆英　陈　荣
责任印制／岳　阳

出　　版／社会科学文献出版社·群学分社（010）59367002
　　　　　　地址：北京市北三环中路甲 29 号院华龙大厦　邮编：100029
　　　　　　网址：www.ssap.com.cn
发　　行／社会科学文献出版社（010）59367028
印　　装／三河市龙林印务有限公司

规　　格／开　本：787mm×1092mm　1/16
　　　　　　印　张：13　字　数：158 千字
版　　次／2024 年 12 月第 1 版　2024 年 12 月第 1 次印刷
书　　号／ISBN 978-7-5228-3088-9
定　　价／89.00 元

读者服务电话：4008918866